CHINA

RAILWAY

MUSEUM

Zhengyangmen

中国铁路发展史掠影

中国铁道博物馆正阳门馆

下

中国铁道博物馆　编

中国铁道出版社

下 册

第三部分：奋发图强的中国铁路（1949－1978）

目 录

上　册

第一部分：蹒跚起步的中国铁路（1876－1911）

第二部分：步履维艰的中国铁路（1911－1949）

结 束 语

百年建筑经历历史沧桑

百年建筑收藏历史瞬间

百年建筑见证历史变迁

百年建筑展示历史轨迹

序　厅

展厅内景

北京南站模型

展厅内景

青藏铁路沙盘

中国共产党中央委员会总书记、中华人民共和国主席、中华人民共和国中央军事委员会主席胡锦涛在青藏铁路开通剪彩仪式上使用的剪刀。

DSA380单臂受电弓

CRH3"和谐号"动车组模拟驾驶舱

模拟驾驶舱内景

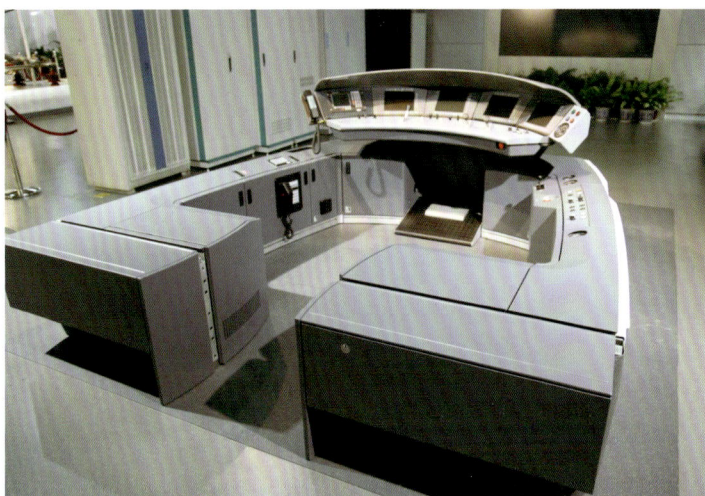

CRH3"和谐号"动车组模型（比例1∶10）（前）、和谐型（HXD2B）大功率电力机车模型（比例1∶10）（后）

"和谐号"动车组CRH380司机操纵台

科普互动区

第四部分

长足进步的中国铁路
Chinese Railway with Considerable Progress
（1978—2002）

中国共产党十一届三中全会以后，中国铁路以邓小平理论和"三个代表"重要思想为指导，在改革开放中加快发展，建设了一大批重点工程，并实施了既有线提速，形成了横贯东西、沟通南北、连接亚欧的路网格局，技术装备水平显著提升，既有线提速技术日臻成熟，信息技术开发应用取得突破，客货运输产品进一步丰富，现代化进程明显加快。至2002年，全国铁路营业里程达到71 898公里，复线和电气化率分别达33.3%、25.2%；铁路年客货运量分别达到10.6亿人和20.4亿吨，是1978年的1.3倍和1.9倍。

After the Third Plenary Session of the 11th Central Committee of the Communist Party of China, Chinese railway, guided by the Deng Xiaoping Theory and the important thoughts of "Three Represents", accelerated development in the process of reform and opening to the outside world. A large number of key projects have been constructed and the railway network passing through from east to west, from north to south in China and linking Asia and Europe came into being. As the technical equipment greatly upgraded, the technique of speed-raising of existing line developed continually after implementation. With the breakthrough in development and application of information technology and further enrichment of transport products, the modernization process sped up significantly. To 2002, the railway open to traffic all over the country totaled 71,898 km, with the rates complex line and electrification being 33.3% and 25.2% respectively. Annual passenger capacity and volume of freight traffic of Chinese railways attained 1.06 billion people and 2.04 billion tons respectively, which were 1.3 and 1.9 times the figures for 1978 respectively.

铁路建设

　　改革开放以来，中国铁路进入了一个历史性大发展时期。建成一大批新线，尤其是中西部地区路网和煤运通道建设明显加快。通过大秦、京九、南疆铁路等重点工程建设及既有线大面积提速和扩能改造，路网规模进一步扩大，运输能力明显提高。国家"七五"计划期间（1986-1990），铁道部组织开展了以"南攻衡广、北战大秦、中取华东"为主要内容的铁路建设大会战。

衡广铁路增建二线

　　衡广铁路二线（衡阳—广州）全长521公里，1978年开工，1988年11月开通运营。

列车穿过衡广铁路二线大瑶山隧道

衡广铁路二线上最大的编组站——衡阳北编组站

北疆铁路示意图

北疆铁路

北疆铁路（乌鲁木齐—阿拉山口）全长460公里，1985年5月开工，1990年9月开通运营。

北疆铁路昌吉河大桥

京秦铁路

京秦铁路（北京—秦皇岛）全长299公里，1981年9月开工，1983年12月开通运营。

京秦铁路永定河大桥

宣杭铁路

宣杭铁路（宣城—杭州）全长240公里，1988年11月开工，1994年6月开通运营。

宣杭铁路水阳江大桥，全长3 675米。

郑州北站

郑州北站1984年建成交付使用。该站南北长6 000余米，东西宽800余米，占地5.3平方公里，是中国第一个双向纵列式三级八场半自动化的特大编组站。

郑州北站编组场全景

大秦铁路

大秦铁路（韩家岭—柳村南）全长652公里，是中国第一条双线电气化重载铁路，1985年1月开工，1992年12月开通运营。

大秦铁路施工

大秦铁路示意图

大秦铁路东坪四线大桥

国家"八五"计划期间（1991-1995），铁道部组织开展了以"强攻京九、兰新，速战宝中、侯月，再取华东、西南，配套完善大秦"为主要内容的铁路建设大会战。

京九铁路

京九铁路（北京西—香港九龙）全长2 406公里，纵贯京、津、冀、鲁、豫、皖、鄂、赣、粤9省市，1991年开工，1996年9月开通运营，是中国一次建成里程最长的铁路干线，对于完善路网、带动沿线经济社会发展具有重要意义。

京九铁路示意图

1995年11月16日京九铁路在赣、粤交界的定河桥头接轨贯通

京九铁路九江长江大桥

北京西站是京九铁路的起点，1996年1月开通运营。

穿越在崇山峻岭间的京九铁路

京港、沪港直通旅客列车开行

　　1997年香港回归祖国，北京、上海至香港九龙开行直通旅客列车。

九广铁路公司列车从深圳驶往香港

T97次京港列车驶入香港

首趟T99次沪港列车抵达香港九龙站

浙赣铁路增建二线

浙赣铁路（杭州东—株洲）全长958公里，1991年至1996年建成二线。

浙赣铁路示意图

浙赣二线铁路金华江大桥施工

浙赣铁路上的钱塘江二桥

南昆铁路

南昆铁路（南宁—昆明）全长828公里，1990年开工，1997年12月开通运营。

1997年3月18日南昆铁路在八渡接轨全线铺通

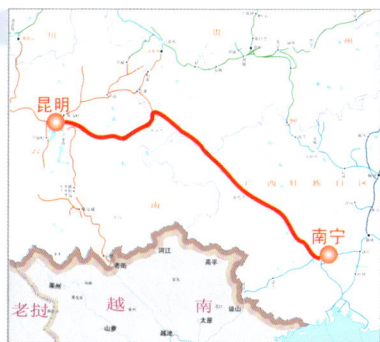

南昆铁路示意图

南昆铁路清水河大桥

煤运列车行驶在南昆铁路板其大桥上

兰新铁路增建二线

兰新铁路二线（武威南—乌鲁木齐西）全长1 622公里，1992年9月开工，1995年12月开通运营。

兰新铁路二线示意图

兰新铁路河口镇黄河大桥

兰新铁路二线穿越天山山脉

列车驶过兰新铁路敦煌雅丹地貌

侯月铁路

侯月铁路（侯马—月山）全长275公里，1989年10月开工，1995年12月开通运营。

侯月铁路百家垣大桥

宝中铁路

宝中铁路（宝鸡—中卫）全长511公里，1990年10月开工，1995年5月开通运营。

位于甘肃、宁夏交界处的宝中铁路

　　从1996年到2002年，铁道部实施了"大战西南、强攻煤运、打通限制口、配套大干线"战略，组织开展了南疆、西安安康、内昆、渝怀、宁西（西合段）等新线建设和株六、新菏兖日的二线建设。

南疆铁路

　　南疆铁路（库尔勒—喀什）全长988公里，1996年9月开工，1999年12月开通运营。

南疆铁路示意图

南疆铁路铺轨

1999年12月南疆铁路通车至喀什

南疆铁路开都河大桥

西安安康铁路

西安至安康铁路全长267公里，1996年12月开工，2001年1月开通运营。

西安安康铁路艾家河大桥

株六铁路增建二线

株六铁路二线（株洲—六盘水）全长1 146公里，1998年5月开工，2001年12月开通运营。

株六铁路二线示意图

株六铁路二线铺轨

株六铁路二线上第一长桥——新马拉特大桥

内昆铁路

内昆铁路（内江—昆明）全长914公里，其中北段内江至安边、南段梅花山至昆明于1965年之前建成；中段水富至梅花山358公里，1998年6月开工，2002年5月全线开通运营。

内昆铁路示意图

内昆铁路花土坡大桥

沿线群众庆祝铺架大会

新菏兖日铁路增建二线

新菏兖日铁路（新乡—菏泽—兖州—日照）全长630公里，1998年4月开工建设二线，2001年开通运营。

新菏兖日铁路示意图

列车行驶在新菏兖日铁路上

宁西铁路西合段

宁西铁路西合段（西安—合肥）全长988公里，2000年5月开工，2006年4月开通运营。

宁西铁路示意图

宁西铁路浉河大桥

渝怀铁路

渝怀铁路（重庆—怀化）全长653公里，2000年12月开工，2006年1月开通运营。

渝怀铁路示意图

渝怀铁路寸滩特大桥

渝怀铁路乌江大桥

客站建设

改革开放后，在加快铁路建设的同时，先后修建、改建了成都、西安、上海、石家庄、天津、哈尔滨、沈阳北、吉林、长春、呼和浩特、重庆、济南、南昌、合肥、海口等一批客站。

成都站

沈阳北站

西安站，1989年10月开通运营。

新亚欧大陆桥

　　铁路大陆桥运输是以洲际大陆上的铁路运输系统为中间桥梁，把大陆两端的海洋运输连接起来，实现海铁联运。新亚欧大陆桥东起太平洋西岸连云港、日照等中国东部沿海港口，西至大西洋东岸荷兰鹿特丹、比利时安特卫普等港口，全长约10 900公里。1992年12月1日，以北疆铁路和阿拉山口铁路口岸站开通为标志，新亚欧大陆桥全线贯通并开办国际联运业务。

新亚欧大陆桥起点—连云港站

亚欧大陆桥中国境内口岸站—阿拉山口站

① 斯洛文尼亚　　⑥ 格鲁吉亚
② 圣马力诺　　　⑦ 亚美尼亚
③ 克罗地亚　　　⑧ 阿塞拜疆
④ 波斯尼亚和黑塞哥维那　⑨ 阿拉伯区
⑤ 马其顿　　　　⑩ 以色列

━━ 亚欧大陆桥
━━ 新亚欧大陆桥

合资铁路与地方铁路建设

为加快铁路建设，国家铁路积极探索多元投资，先后与地方共同投资开工建设了水柏、邯济、朔黄等一批合资铁路和地方铁路，截至2002年，共建成合资铁路7 600余公里，地方铁路4 700余公里。

邯济铁路

邯济铁路（邯郸南一晏城北）全长232公里，1996年11月开工，2000年7月开通运营，由铁道部、山东省、河北省合资修建。

邯济铁路邯郸站编组场由计算机实时控制的制动部位

水柏铁路

水柏铁路（六盘水一柏果）全长123公里，1997年12月开工，2002年9月开通运营，由铁道部和贵州省等合资修建。

水柏铁路六丘田大桥

集通铁路

集通铁路（集宁—通辽）全长943公里，1990年6月开工，1995年9月开通运营，是当时中国最长的地方铁路。

集通铁路司明仪大桥

合九铁路

合九铁路（合肥—孔垄）全长347公里，1992年5月开工，1995年2月开通运营，是中国第一条由国家、地方、企业合资修建的路网性干线铁路。

合九铁路皖水河特大桥

粤海铁路通道

粤海铁路通道（湛江西—三亚）全长669公里，由"两线一渡"组成，1998年8月开工，2003年底开通运营，由铁道部、广东省、海南省合资修建。

粤海铁路跨海轮渡

宁启铁路南海段

宁启铁路南海段（南京—海安县）全长219公里，2002年1月开工，2004年开通运营，由铁道部和江苏省合资修建。

宁启铁路铺轨施工

35

铁路技术装备

中国铁路把依靠科技进步作为加快铁路发展的基本方针，大力实施科教兴路战略，制定出台了铁路科学技术发展政策，推进铁路科技创新，铁路整体技术装备水平不断提高。

1988年12月21日，中国最后一台蒸汽机车在大同机车厂交验出厂，标志着中国铁路干线蒸汽机车生产时代的结束。

机车车辆装备

　　这一时期，铁路牵引动力全面完成由蒸汽机车向内燃、电力机车过渡，客车构造速度和舒适度明显提高，货车载重大幅增加，车辆种类进一步丰富。

蒸汽机车逐步退役

内燃机车

1.东风4（DF4）型内燃客运机车，最高时速100公里，功率1920千瓦。

2.大连机车厂装配车间

3.戚墅堰机车车辆厂装配车间

4.东风7G（DF7G）型内燃调车机，最高时速100公里，功率1619千瓦。

5.东风4D（DF4D）型内燃客运机车，最高时速170公里，功率2 425千瓦。

3

4

1.东风8B（DF8B）型内燃
　货运机车，最高时速100
　公里，功率3 100千瓦。

2.东风10F（DF10F）型内燃
　客运机车，最高时速160
　公里，功率3 600千瓦。

3.东风11（DF11）型内燃
　客运机车，最高时速170
　公里，功率3 040千瓦。

4.东风11G（DF11G）型内燃
　客运机车，最高时速170
　公里，功率6 080千瓦。

电力机车

1. 韶山7E（SS7E）型电力机车，最高时速170公里，功率4 800千瓦。
2. 韶山4（SS4）型电力机车，最高时速100公里，功率6 400千瓦。
3. 韶山9（SS9）型电力机车，最高时速170公里，功率4 800千瓦。
4. 韶山8（SS8）型电力机车，最高时速170公里，功率3 600千瓦。
5. 韶山7（SS7）型电力机车，最高时速100公里，功率4 800千瓦。

4

5

43

客车车辆

　　客车车辆种类由单一化走向多样化。21、22型客车被逐步取代，25K、25T等新型客车陆续投入运营。

3

4

1. 25B型双层硬卧客车，构造时速
   120公里。
2. 25B型双层硬座客车，构造时速
   120公里。
3. 25G型客车，构造时速120公里。
4. 25K型客车，构造时速160公里。

人性化客车服务设施

货车车辆

　　货车车辆由30吨、40吨、50吨车型为主，逐步向大吨位、快速度车型方向发展，并开始研制60吨以上的货车和特种专用车。

1

2

3

4

5

1.G70K型罐车
2.P64A棚车
3.TP型活顶棚车
4.C62敞车
5.W6型化学品专用车
6.B10型机械冷藏车
7.双层集装箱车

线路桥梁和隧道技术

中国铁路依靠科技创新，积极采用新结构、新工艺和新方法，建设施工技术进入国际先进行列。

线路技术

铁路线路采用多种加固防护措施和新型、轻型支挡结构，攻克了岩溶、软土、软质岩施工等难题，冻土、重载等线路路基施工技术取得重大进展，繁忙干线实现大型养路机械化。

提速道岔

在基床表层增设级配碎石控制路基工后沉降

三线线路

步进式捣固车

锚拉式桩板墙

抗滑桩挡护墙

可动心轨道岔

提速线路改造施工

桥梁技术

　　铁路桥梁采用高强、大跨、整体结构，研制使用大能力架桥机，使复杂地形条件下的桥梁技术有了新突破，桥的样式逐渐多样化。

1981年建成的湘桂铁路红水河斜拉桥，全长409米，是中国第一座铁路斜拉桥。

1982年建成的安康汉江桥是中国第一座斜腿刚构薄壁箱型钢梁桥，最大跨度192米。

1997年建成的南昆铁路南盘江大桥，全长530米，采用预应力混凝土V型支撑连续梁结构。

2001年8月建成水柏铁路北盘江大桥，全长468米，主跨236米，是当时世界上跨度最大的铁路钢管混凝土拱桥。

秦沈铁路辽河大桥，全长2 433.59米。

隧道技术

铁路隧道施工通过采用新奥法和围岩喷锚加固等技术，解决了复杂地质条件下的快速掘进、硬岩钻爆快速掘进等施工难题，运用成套设备，实现了长隧道的全机械化施工。

盾构机

内昆铁路曾家坪一号隧道，2000年12月建成，全长2 563米，最大跨度20.68米，是中国跨度最大、线路最长的三线隧道。

西康铁路秦岭隧道使用全断面隧道掘进机，提高了隧道施工进度和质量。

四臂凿岩台车钻孔作业

京广线南岭隧道1986年11月贯通，全长6 061米，主要采用光面大爆破、大断面开挖新技术。

衡广二线大瑶山隧道，1988年12月通车，全长14 294米，是中国首次运用全机械化施工的隧道。

大秦铁路军都山隧道全长8 460米，最大埋深640米。

通信信号技术

　　铁路信号成功应用自动控制和计算机技术，把过程控制、数据采集和处理连成一体；采用信息集中移频自动闭塞、通用式机车信号等新技术装备，车站微机联锁、自动闭塞装备率得到提高；针对不同速度等级的线路特点，采用不同层次的信号系统装备，运输效率显著提高。

机车无线电、自动信号、自动停车装置广泛应用

道岔自动转辙装置

铁路采用带超速防护的多信息自动闭塞系统

多信息移频四显示自动闭塞系统设备

小型卫星通信数据传输系统

300路小同轴电缆载波机

信息化建设

　　铁路开发研制了运输管理信息系统、调度指挥管理信息系统、客票发售和预订系统、编组站综合自动化系统、计算机编制运行图系统等，在运输组织、客货运输服务中发挥了重要作用，为信息网络化建设奠定了基础。

计算机编制列车运行图系统

运输调度系统

红外轴温探测

红外线轴温探测系统

编组站

编组站现车信息管理系统

铁路客票发售和预订系统

电气化铁路

改革开放后，中国电气化铁路建设进入快速发展阶段，完成了一批既有线电气化改造，新建了京秦二线等一批电气化铁路，电气化新技术开发运用取得重要成果，工程质量大幅提高。

贵昆铁路（贵阳—昆明）1990年7月全线完成电气化改造

陇海铁路西段（郑州—宝鸡）1986年12月完成电气化改造

襄渝电气化铁路（襄樊—达州）1999年12月全线建成

津秦沈铁路（天津—秦皇岛—沈阳）2007年8月全线完成电气化改造

京广铁路（北京—广州）2001年9月全线完成电气化改造

鹰厦线电气化改造后，年设计运输能力由原来的300-500万吨提高到1 200-1 800万吨。
图为电力机车牵引列车行驶在鹰厦线上。

2002年全国铁路网示意图

截至2002年全国铁路营业里程71 898公里

1911—2002年铁路主要指标

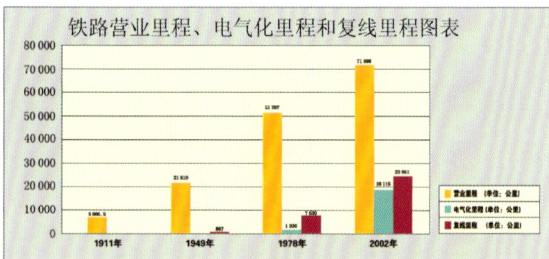

铁路营业里程、电气化里程和复线里程图表

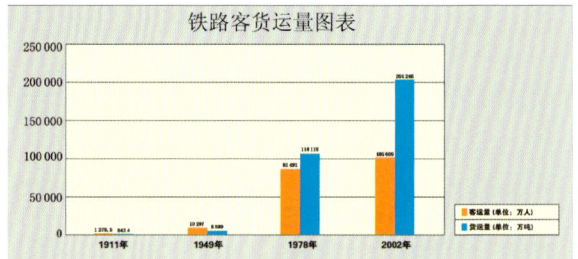

铁路客货运量图表

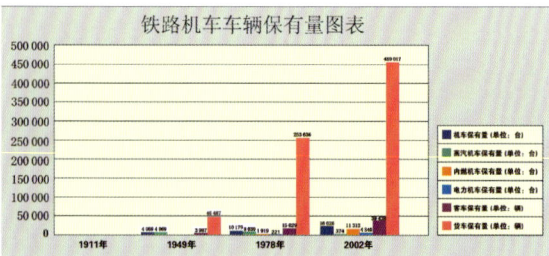

铁路机车车辆保有量图表

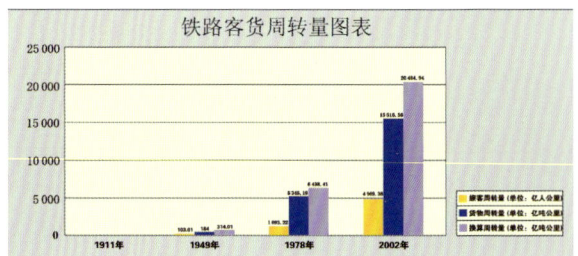

铁路客货周转量图表

第五部分

科学发展的中国铁路

Chinese Railway in Scientific Development

（2002—2010）

中国共产党第十六次全国代表大会以来，中国铁路以全面落实科学发展观、构建社会主义和谐社会重大战略思想为指导，从适应全面建设小康社会的要求出发，以扩充运输能力、提升技术装备水平为主线，全面深入推进以"运能充足、装备先进、安全可靠、管理科学、节能环保、服务优质、内部和谐"为主要内容的和谐铁路建设，铁路现代化建设实现了较快发展，对经济社会发展的保障能力不断增强。至2010年，中国铁路营业里程达到9.1万公里，里程长度居世界第二位；复线率达到41.4%，电气化率达到46.6%；年客货发送量分别达到 16.76亿人、36.43亿吨，是2002年的1.6倍、1.76倍。

Since the 16th National Congress of the Communist Party of China, thoroughly applying the Scientific Outlook on Development, Chinese Railway has focused on rapid expansion of transport capacity and increase in level of technical equipment in order to meet the demand of building well-off society in an all-around way. Harmonious railway construction revolving around "adequate transport capacity, advanced equipment, reliable security, scientific management, energy-conserving and environment-protection, quality service and internal harmony" has been carried out. As a result, the modernization of railway has achieved rapid development, providing an increasingly powerful support capacity for the development of economy and society. Chinese railway ranked 2nd in the world for its operation mileage totaling 91,000 km by 2010, with 41.4% rate of complex line and 46.6% rate of electrification. Annual passenger capacity and volume of freight traffic of Chinese railways amounted to 1.676 billion people and 3.643 billion tons respectively, that was 1.6 and 1.76 times the figures for 2002 respectively.

发达完善铁路网建设有序高效推进

2004年以来，中国铁路紧紧抓住黄金机遇期，按照《中长期铁路网规划》，以高速铁路和区际干线为重点，展开大规模铁路建设，发达完善铁路网建设取得重大进展。

大力发展高速铁路

截止到2010年，已建成并投入运营的高速铁路营业里程居世界第一位。

已建成高速铁路示意图（设计时速）

京津高速铁路（北京—天津）2005年7月开工，2008年8月1日建成投入运营，全长120公里，设计时速350公里，是中国第一条具有自主知识产权的高速铁路。

京津高速铁路示意图

动车组列车行驶在京津高速铁路上

动车组列车在天津站待发

动车组列车从北京南站驶出

73

武广高速铁路（武汉—广州）2005年6月开工，2009年12月26日建成投入运营，全长1 068公里，设计时速350公里。

武广高速铁路南水河特大桥

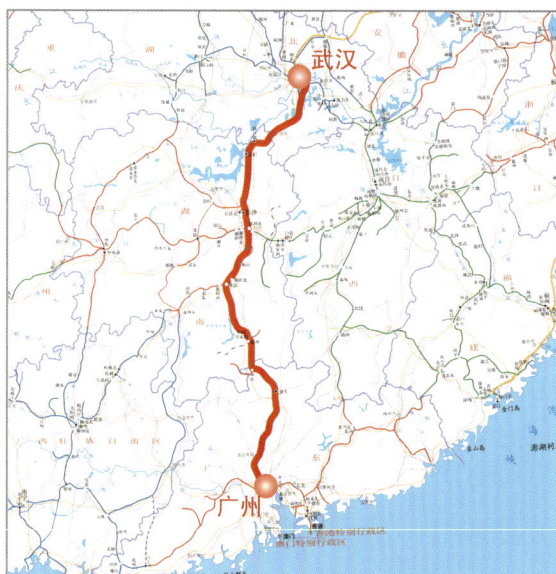

武广高速铁路示意图

武广高速铁路衡阳湘江大桥

武广高速铁路天兴洲长江大桥

郑西高速铁路（郑州—西安）2005年7月开工，2010年2月6日建成投入运营，全长505公里，设计时速350公里。

郑西高速铁路示意图

郑西高速铁路高柏特大桥

郑西高速铁路潼洛川大桥

郑西高速铁路洛阳大桥

沪宁高速铁路（上海—南京）2008年7月开工，2010年7月1日建成投入运营，全长301公里，设计时速350公里。

沪宁高速铁路示意图

动车组列车行驶在沪宁高速铁路上

动车组列车驶离上海虹桥站

胶济高速铁路（青岛—济南）2007年1月开工，2008年12月21日建成投入运营，全长393公里，设计时速250公里。

胶济高速铁路示意图

动车组列车行驶在胶济高速铁路上

胶济高速铁路丈岭特大桥

合宁高速铁路合肥枢纽疏解大桥

合宁高速铁路（合肥—南京）2005年7月开工，2008年4月18日建成投入运营，全长156公里，设计时速250公里。

合宁高速铁路示意图

四季常青的合宁高速铁路边坡绿化

合武高速铁路洗马河大桥

合武高速铁路（合肥—武汉）2005年6月开工，2009年4月1日建成投入运营，全长356.2公里，设计时速250公里。

合武高速铁路示意图

合武高速铁路响洪甸特大桥

石太高速铁路示意图

石太高速铁路（石家庄—太原）2005年6月开工，2009年4月1日建成投入运营，全长189.9公里，设计时速250公里。

石太高速铁路亚洲第一长隧——太行山隧道（27.8公里）于2007年12月22日贯通

石太高速铁路冶河特大桥

甬台温高速铁路示意图

甬台温高速铁路（宁波—台州—温州）2005年10月开工，2009年10月1日建成投入运营，全长282.4公里，设计时速250公里。

甬台温高速铁路定头港跨海大桥

甬台温高速铁路奉化江铁路大桥

温福高速铁路（温州—福州）2004年12月开工，2009年10月1日建成投入运营，全长298.4公里，设计时速250公里。

温福高速铁路示意图

温福高速铁路鼓山大桥

温福高速铁路宁德跨海特大桥

福厦高速铁路示意图

福厦高速铁路（福州—厦门）2005年9月开工，2010年4月26日建成投入运营，全长275公里，设计时速250公里。

动车组列车行驶在福厦铁路鼓山隧道高架桥上

福厦高速铁路厦门跨海特大桥

高速铁路建设有序推进

截止到2010年，北京—上海、哈尔滨—大连、沈阳—丹东、北京—石家庄、石家庄—武汉、广州—深圳、杭州—长沙、长沙—昆明、天津—秦皇岛、兰州—乌鲁木齐、大同—西安、蚌埠—合肥、合肥—福州、厦门—深圳、汉口—宜昌等高速铁路，以及南京—杭州、南京—安庆、广州—珠海、长春—吉林、哈尔滨—齐齐哈尔、成都—重庆、武汉城镇圈、郑州城镇圈、京津城际延伸线、海南东环等城际铁路建设正在有序推进。

京沪高速铁路（北京—上海）全长1 318公里，设计时速350公里，是目前世界上一次建成里程最长、技术标准最高的高速铁路，2008年4月18日开工，2011年6月30日建成投入运营。

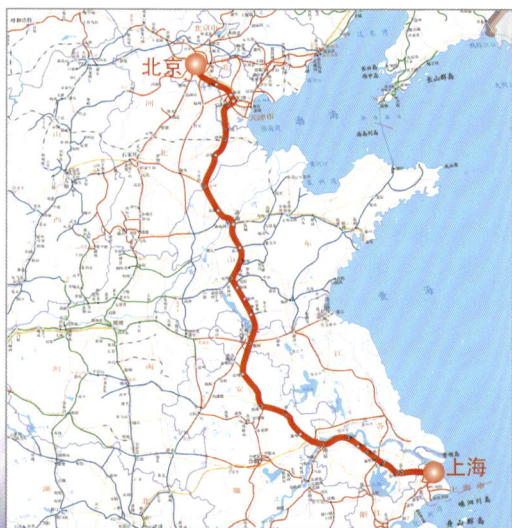

京沪高速铁路南京大胜关长江大桥建成

京沪高速铁路示意图

京沪高速铁路西渴马隧道施工

京沪高速铁路铺轨

89

哈大高速铁路示意图

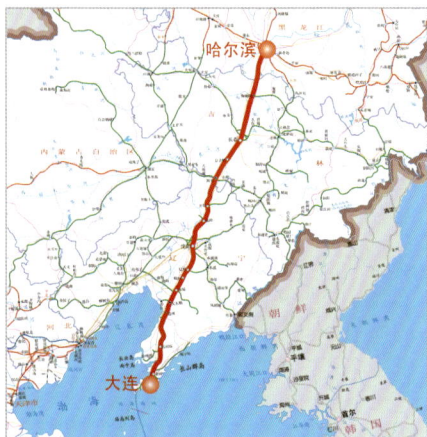

哈大高速铁路（哈尔滨—大连）全长904公里，设计时速350公里，2007年8月开工，建设工期5年半。

哈大高速铁路营海特大桥架梁合龙

哈大高速铁路鞍辽特大桥架梁施工

京石高速铁路（北京—石家庄）全长281公里，设计时速350公里，2008年10月开工，建设工期4年。

京石高速铁路示意图

京石高速铁路箱梁浇筑施工

京石高速铁路石家庄六线隧道施工

石武高速铁路（石家庄—武汉）全长840.7公里，设计时速350公里，2008年10月开工，建设工期4年半。

石武高速铁路示意图

石武高速铁路架梁施工

石武高速铁路架梁施工

津秦高速铁路（天津—秦皇岛）全长261公里，设计时速350公里，2008年11月开工，建设工期4年。

津秦高速铁路示意图

津秦高速铁路跨既有线连续梁施工

津秦高速铁路架梁施工

沪杭高速铁路（上海—杭州）2009年2月开工，2010年10月26日建成投入运营，全长202公里，设计时速350公里。

沪杭高速铁路示意图

沪杭高速铁路横潦泾特大桥架梁施工

动车组列车行驶在沪杭高速铁路上

兰新高速铁路第二双线（兰州—乌鲁木齐）全长1 776公里，设计时速250公里以上，2009年11月开工，建设工期5年。

兰新高速铁路第二双线示意图

兰新高速铁路第二双线达坂城隧道二衬断面已成型

兰新高速铁路第二双线鄯善梁场投产

沪昆高速铁路杭长段（杭州—长沙）全长927公里，设计时速350公里，2010年1月开工，建设工期4年半。

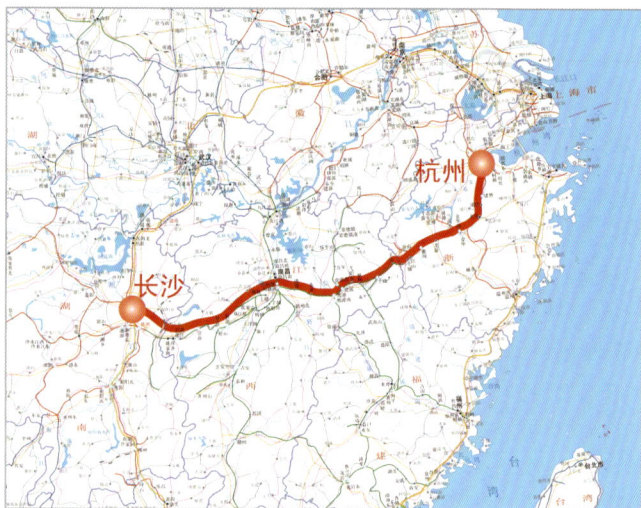

沪昆高速铁路杭长段示意图

沪昆高速铁路杭长段第一墩浇筑

沪昆高速铁路杭长段第一孔箱梁浇筑

　　广深港高速铁路广深段（广州—深圳）全长104.4公里，设计时速250公里，2005年12月开工，建设工期5年。

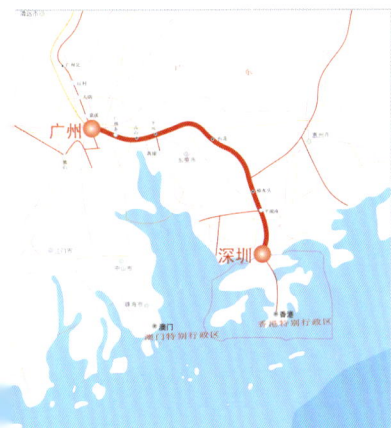

广深港高速铁路示意图

全长10.8公里的广深港高速铁路狮子洋隧道是中国首条采用盾构技术施工的过江铁路隧道

广深港高速铁路跨骝岗涌水道连续梁拱桥合龙

贵广高速铁路示意图

贵广高速铁路（贵阳—广州）全长857公里，设计时速250公里以上，2008年10月开工，建设工期4年。

贵广高速铁路北江特大桥主墩浇筑

贵广高速铁路龙山隧道贯通

南广高速铁路（南宁—广州）全长577.1公里，设计时速250公里以上，2008年11月开工，建设工期4年半。

南广高速铁路示意图

南广高速铁路许村隧道

南广高速铁路架梁施工

推进区际干线建设

青藏铁路格尔木—拉萨段、临策铁路临河—额济纳段、重庆—怀化、西安—合肥、永州—茂名、铜陵—九江等新区际干线建成投入运营。太原—中卫（银川）、贵阳—广州、昆明—南宁、南宁—广州、兰州—重庆、兰州—乌鲁木齐第二双线、山西中南部铁路等一批项目建设正在加快推进。到2012年中国横跨东西、纵贯南北的大能力区际干线网将基本建成，对经济社会发展的保障能力将大幅度提升。

大能力铁路煤运通道建设

在大同、神府、太原、晋东南、陕西、贵州、河南、兖州、两淮、黑龙江东部等十大煤炭外运基地和新疆地区煤炭基地，建设大能力煤运通道。

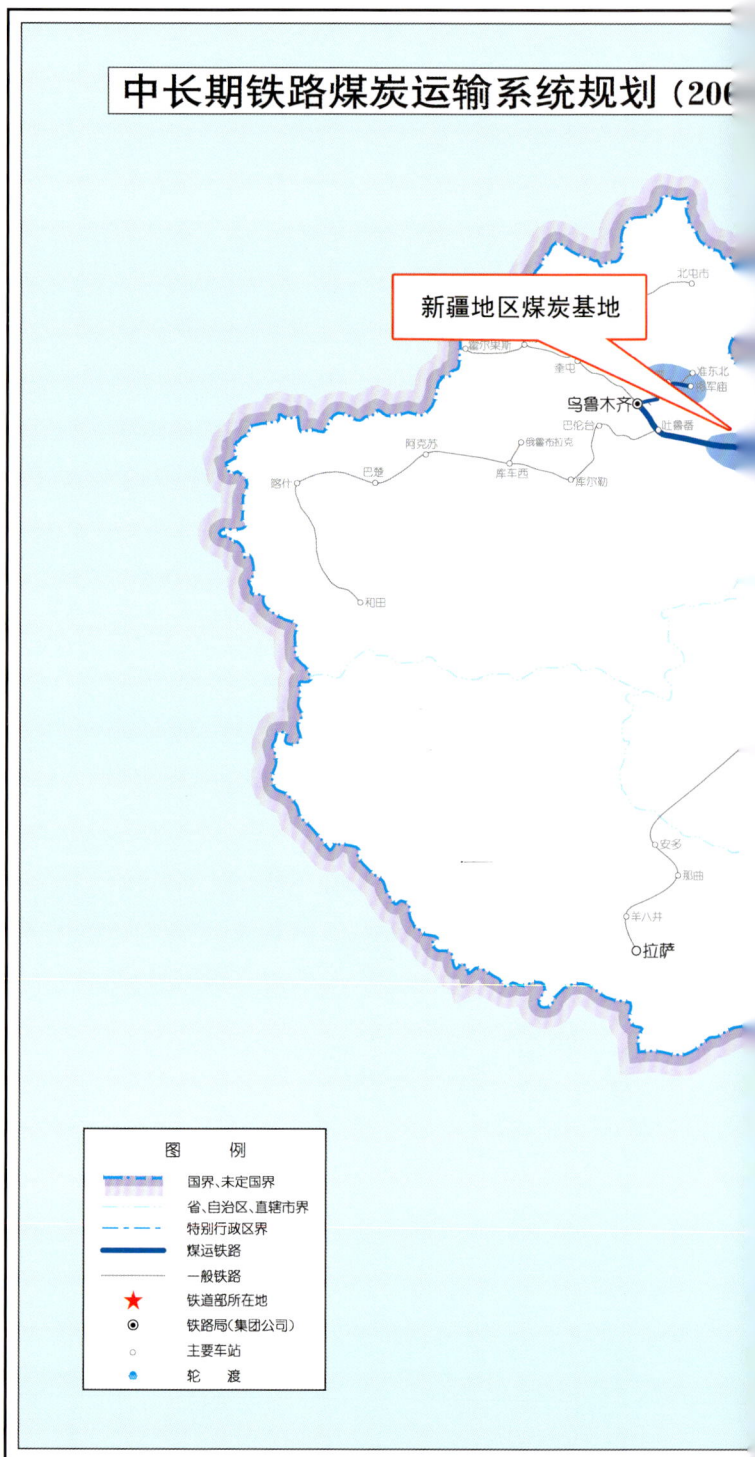

中长期铁路煤炭运输系统规划（200

新疆地区煤炭基地

乌鲁木齐

和田

拉萨

图　例

国界、未定国界
省、自治区、直辖市界
特别行政区界
煤运铁路
一般铁路
★　铁道部所在地
◎　铁路局（集团公司）
○　主要车站
　轮　渡

（周整）

黑龙江东部煤炭基地

大同煤炭基地

神府煤炭基地

太原煤炭基地

陕西煤炭基地

兖州煤炭基地

晋东南煤炭基地

河南煤炭基地

两淮煤炭基地

贵州煤炭基地

南海诸岛

本图选自中国铁道出版社2012年版《中国铁路地图集》　审图号：GS(2011)1109号

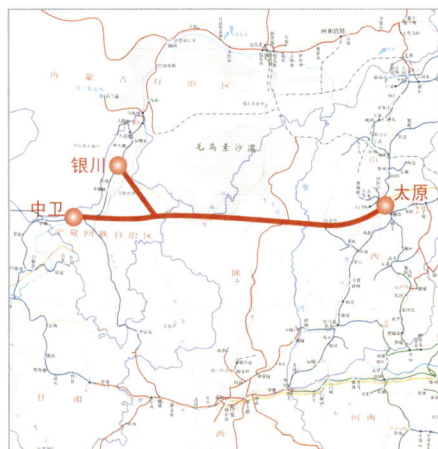

太中银铁路示意图

太中银铁路（太原—中卫—银川）2006年2月开工，2011年1月11日建成投入运营，全长942公里。

太中银铁路电气化挂网架线

太中银铁路永宁黄河特大桥施工

龙厦铁路（龙岩—厦门）全长171公里，2006年12月开工，建设工期4年。

龙厦铁路示意图

龙厦铁路下东山特大桥施工

龙厦铁路象山隧道施工

向莆铁路示意图

向莆铁路（向塘—莆田）全长604公里，2007年11月开工，建设工期5年。

向莆铁路高架铁路桥施工

向莆铁路东新赣江特大桥钢梁合龙

包西铁路（包头—西安）2007年11月开工，
2010年12月28日建成投入运营，全长935公里。

包西铁路示意图

包西铁路秃尾河特大桥施工

包西铁路黄河特大桥施工

兰渝铁路（兰州—重庆）全长820公里，2008年9月开工，建设工期6年。

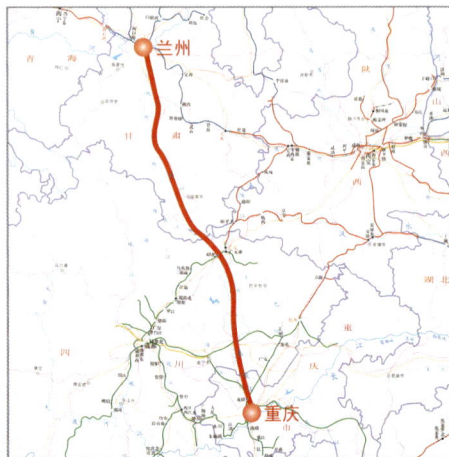

兰渝铁路示意图

兰渝铁路白龙江特大桥施工

兰渝铁路西秦岭隧道施工

市域铁路建设

成灌铁路（成都—都江堰—青城山）2008年11月开工建设，2010年5月12日建成投入运营，全长66.2公里，设计时速220公里，是512汶川特大地震灾后重建的标志性工程。

动车组列车运行在成灌铁路上

成灌铁路示意图

都江堰站

有序推进现代化铁路枢纽建设

　　按照"功能性、系统性、先进性、文化性、经济性"的设计建设理念，新建了一批现代化客站。到2012年，中国将有804座现代化客站建成投入运营。新客站的设计和建造普遍做到能力充足、功能完善、设施先进、节能环保，与地域文化有机融合，与城轨、地铁、公交，乃至航空等交通方式紧密衔接，给旅客提供了舒适便捷的出行环境。

已建成的现代化铁路客站

上海南站，2006年7月1日建成投入运营。

北京南站，2008年8月1日建成投入运营。

扬州站，2004年4月18日建成投入运营。

南京站，2005年9月25日建成投入运营。

井冈山站，2007年4月18日建成投入运营。

天津站，经改造后于2008年8月1日投入运营。

拉萨站，2006年7月1日建成投入运营。

延安站，2007年4月18日建成投入运营。

泰州站，2005年7月1日建成投入运营。

南通站，2007年4月18日建成投入运营。

113

青岛站，经改造后2008年8月1日建成投入运营。

武汉站，2009年12月26日建成投入运营。

长沙南站，2009年12月26日建成投入运营。

广州南站，2009年1月30日建成投入运营。

成都站（效果图）

上海虹桥站，2010年7月1日建成投入运营。

南京南站（效果图）

在建现代化铁路客站

西安站（效果图）

郑州站（效果图）

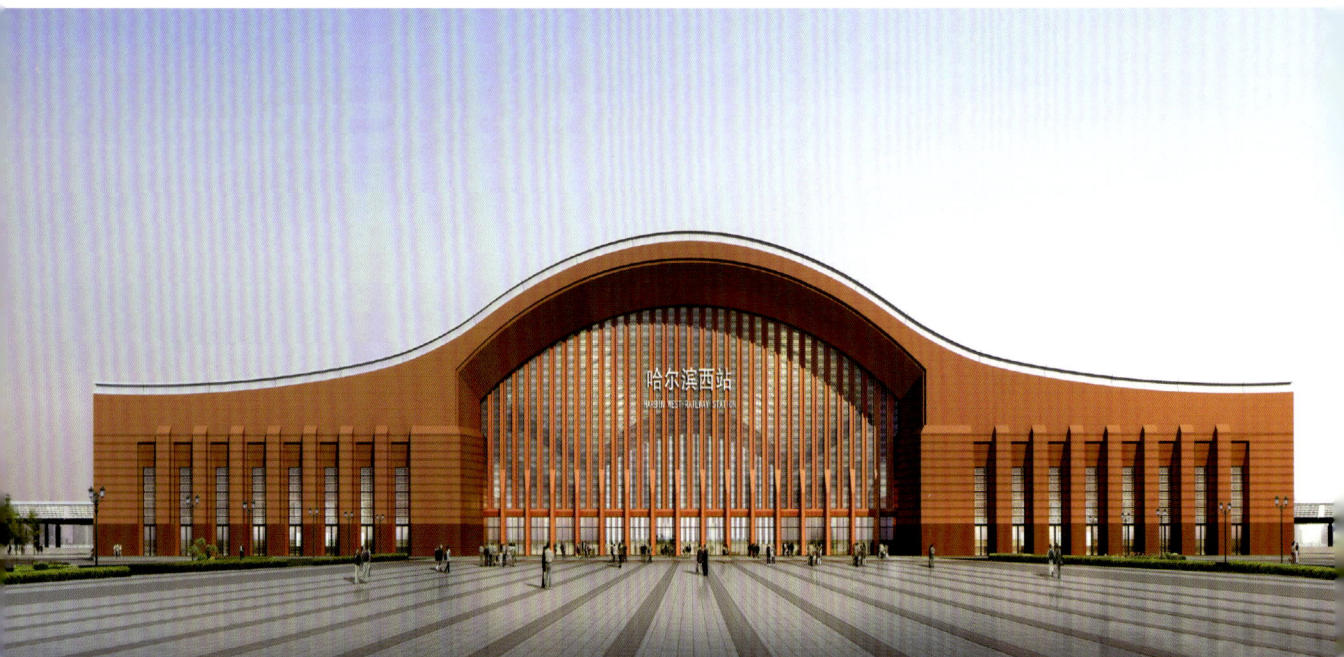

哈尔滨西站（效果图）

沈阳站（效果图）

太原南站（效果图）

119

徐州东站（效果图）

苏州站（效果图）

厦门西站（效果图）

客站建设技术

广泛采用大跨度钢架结构、悬重结构无柱雨棚先进建设技术，以及自然光应用、太阳能光伏发电、冷热电三联供、污水源热泵等节能环保先进技术。

北京南站剖面图

无柱雨棚

大跨度钢架结构

并网点

机房总控室

排至室外

天然气管线

烟气管道

缸套水

电缆

烟气管道

缸套水

电缆

内燃发电机

烟气型溴冷机

分水器

供水管

回水管

集水器

污水干渠

潜污泵　阻垢机　污水换热器　热泵机组

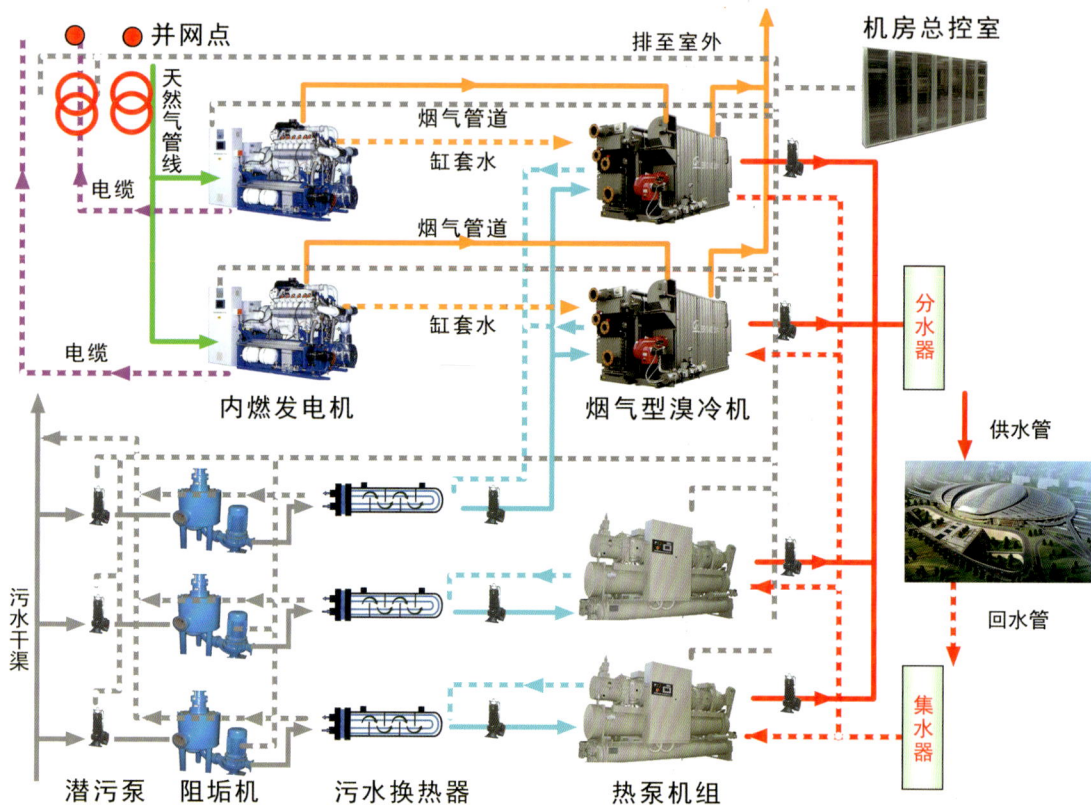

冷热电三联供+污水源热泵系统原理图

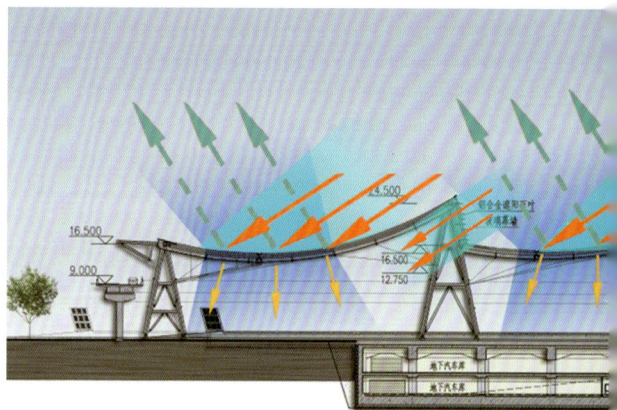

16.500

9.000

自然光应用技术

屋面采光带室内效果

雨棚采光带效果

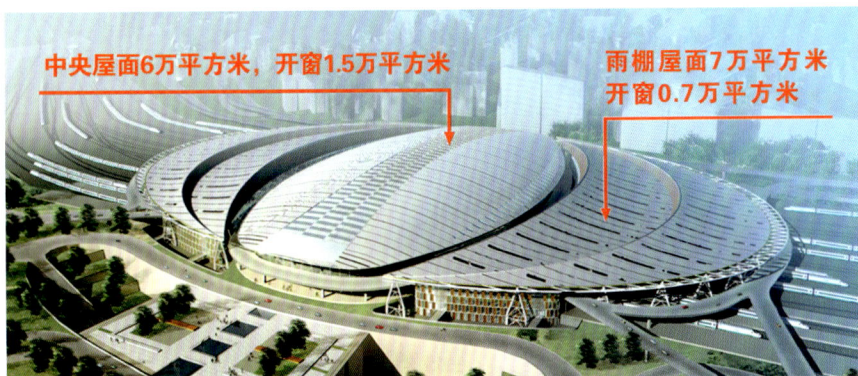

中央屋面6万平方米，开窗1.5万平方米

雨棚屋面7万平方米
开窗0.7万平方米

屋面采光带位置示意图

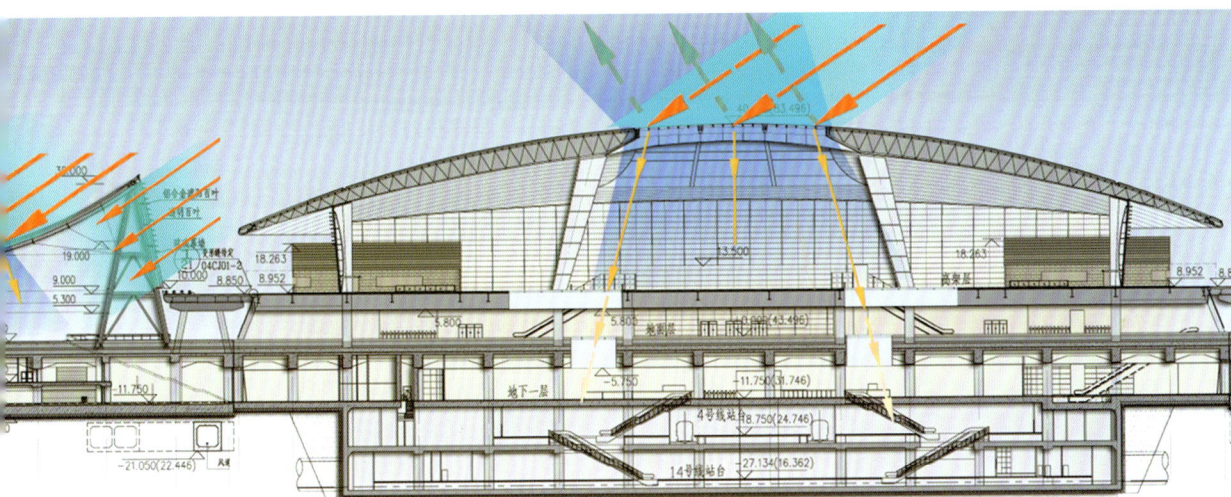

采光分析图

站房屋面采光带　　　　　　　　设有2座逆变器室

电池板　→　汇流箱　→　直流箱　→　逆变箱　（位于地下一层）

10 kV电源来自北京南站220 kV变电站　←　变电所　←　控制系统及开关站　←　低压配电柜

太阳能光伏发电技术

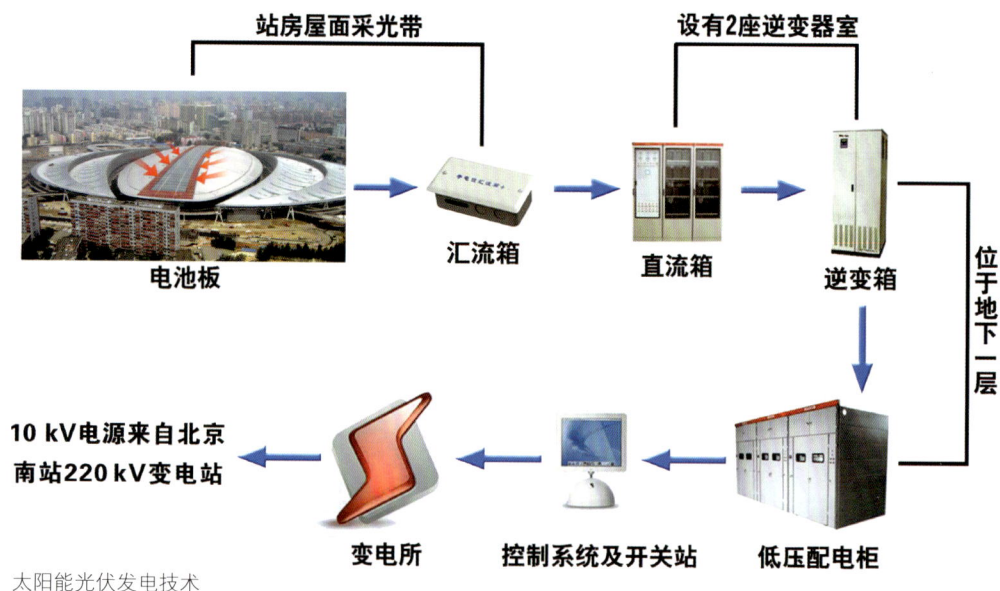

北京南站采用的太阳能光电板、中央采光带技术

加快既有线扩能改造

　　以扩能为重点，对一大批既有铁路进行复线和电气化改造正在加快推进。截至2010年，大同—太原、武汉—九江、武汉—安康、宣城—乔司、宝鸡—兰州、兰州—武威、兰州—西宁等复线建设和北京—上海、北京—向塘、天津—沈阳、青岛—济南、杭州—株洲、大同—包头、包头—惠农等铁路电气化改造已经完成。

2008年7月1日投入运营的京沪铁路电气化改造工程

路网和区域性编组站建设

  建成武汉北、新丰镇、贵阳南、成都北等路网性和区域性编组站，同步优化枢纽布局，实现点线配套，最大限度地满足货物运输直达化、重载化和车流作业集中化需要，全面大幅度提升铁路运输效率。

武汉北站

新丰镇站

成都北站

贵阳南站

中国铁路技术创新实现重大突破

　　中国铁路按照"先进、成熟、经济、适用、可靠"的技术方针，坚持原始创新、集成创新和引进消化吸收再创新，走出了一条具有中国铁路特点的自主创新成功之路，在高速铁路、机车车辆装备、高原铁路、既有线提速、重载运输、运输调度和信息化等重点领域取得一大批技术创新成果，达到世界先进水平。

高速铁路技术达到世界先进水平

　　中国铁路系统掌握了高速铁路工程建造、高速列车、列车控制、客站建设、系统集成、运营维护等高速铁路成套技术，形成了具有自主知识产权和世界先进水平的高速铁路技术体系。

高速铁路工程建造技术

　　使用具有自主知识产权的高速铁路路基成套建造技术，攻克了在软土、松软土、湿陷性黄土、膨胀土、岩溶地区修建高速铁路的难题。

高速铁路路基建造技术示意图

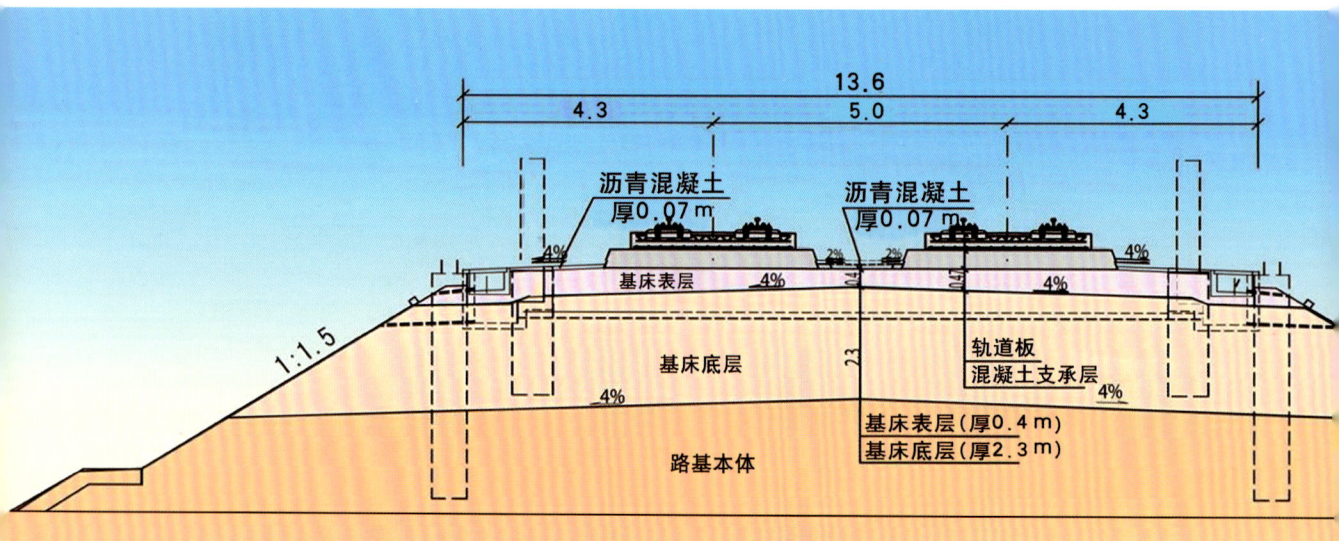

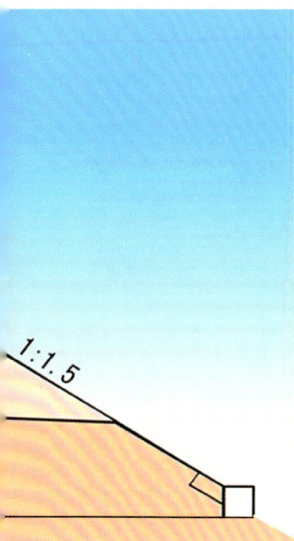

CFG桩由碎石、石屑、砂、粉煤灰掺水泥加水拌和，用各种成桩机械制成的可变强度桩，是解决高速铁路路基沉降变形控制的主要工程措施。

1:1.5

CFG桩施工

131

用工厂制作的AB填料实施换填

对路基进行分层碾压

对路基压实质量进行检测

133

全面掌握了大吨位整孔简支箱梁的设计和制造技术，采用集中预制、工程化制造，以确保箱梁施工质量和进度。

采用移动模架技术架梁

研制的900吨提梁机、运梁车和架桥机，解决了高速铁路大吨位整孔箱梁运输、架设问题。

广泛运用斜拉桥、钢桁拱桥、部分斜拉桥、刚构—拱组合结构等大跨度、特殊结构桥梁技术。

安装斜拉索前索锚具

钢桁梁安装

钢梁在主塔上架设

武广高速铁路武汉天兴洲长江大桥主桥长1092米，上层公路6车道，下层双线时速350公里高速铁路、双线一级干线，主桥跨径504米，最大荷载2万吨，是目前世界上主跨最大、荷载最重的公铁两用斜拉桥，也是世界上第一座按4线铁路修建的公铁两用斜拉桥。

拼装桥顶钢梁

架梁施工

京沪高速铁路南京大胜关长江大桥主桥长1618米，双线时速350公里高速铁路、双线时速250公里高速铁路和双线城市轻轨同桥过江，主桥跨径1272米，最大荷载1.8万吨，是目前世界上设计时速300公里及以上级别中主跨最大、荷载最重的铁路桥，也是世界上第一座6线铁路桥。

水中墩施工

采用六塔单索面部分斜拉连续钢桁梁结构的石武高速铁路郑州黄河公铁两用大桥

采用V型连续刚构—拱组合结构的广珠城际小榄水道大桥

采用独塔斜拉连续刚构组合结构的广珠城际铁路西江大桥

采用预应力混凝土连续刚构的温福高速铁路田螺大桥

采用先进隧道建造技术，确保复杂地质隧道施工和运营安全。

隧道内架桥

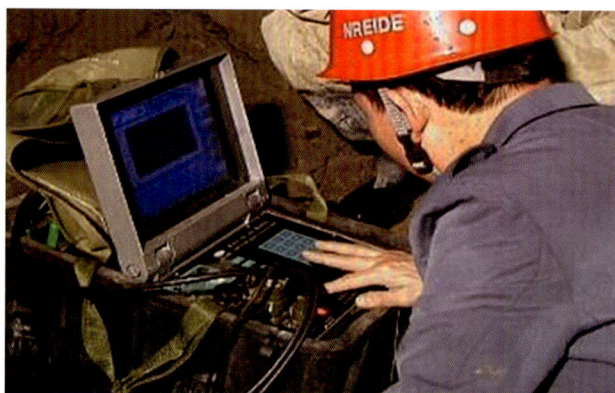

采用高科技手段进行超前地质预报

敞开式隧道全断面掘进机

锚杆施工

多臂作业台车作业

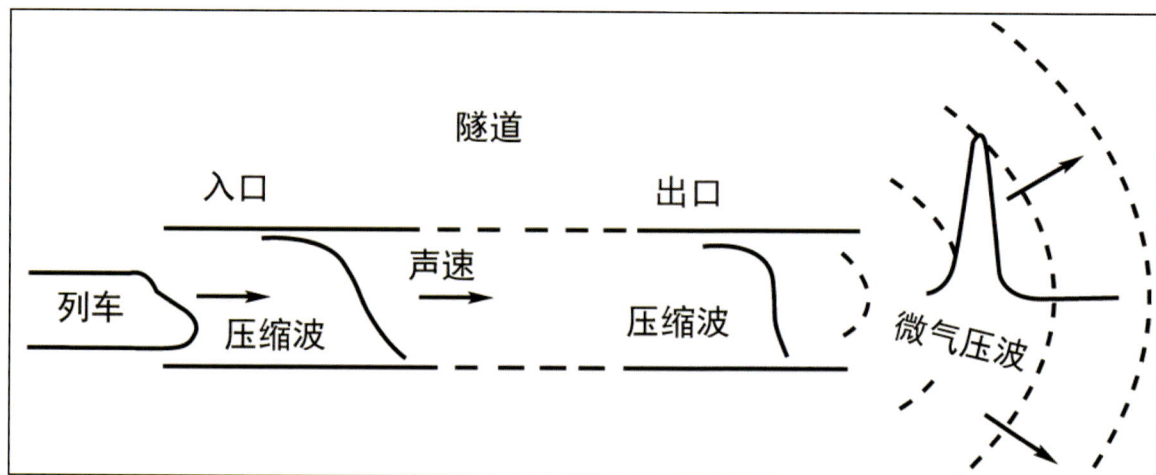

隧道微压波不仅降低高速列车在隧道内运行时旅客的舒适度，且会在洞口发出爆破噪声，形成声污染。

采取扩大隧道断面面积、设置洞口缓冲结构、提高高速列车密封性等措施，减低噪声污染，改善旅客乘车舒适度。

中国铁路研制出多种无砟轨道系统，广泛应用于新建高速铁路，形成了具有自主知识产权、世界先进水平的无砟轨道技术体系。

无砟轨道类型

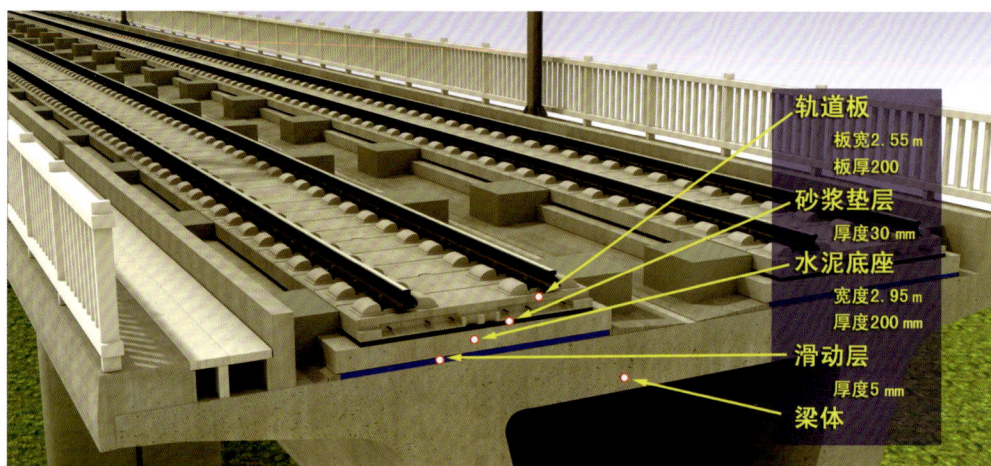

- 轨道板
  - 板宽2.55 m
  - 板厚200
- 砂浆垫层
  - 厚度30 mm
- 水泥底座
  - 宽度2.95 m
  - 厚度200 mm
- 滑动层
  - 厚度5 mm
- 梁体

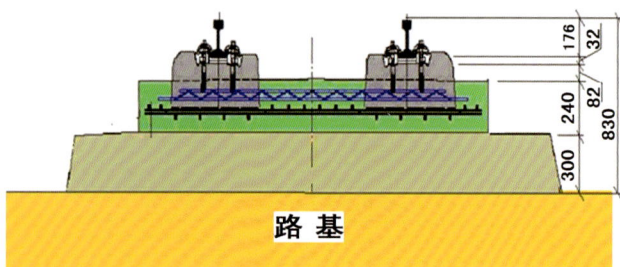

路 基

CRTSII型双块式无砟轨道系统，应用于郑州—西安高速铁路。

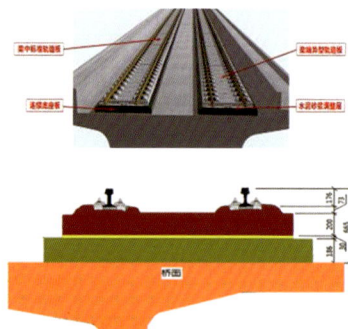

桥面

CRTSII型板式无砟轨道系统，应用于北京—天津、北京—上海、北京—石家庄、石家庄—武汉等高速铁路。

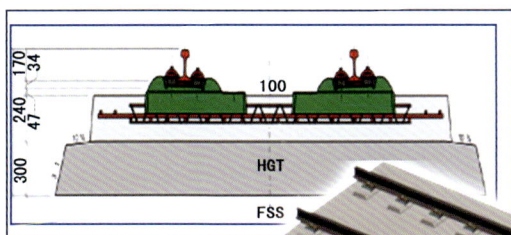

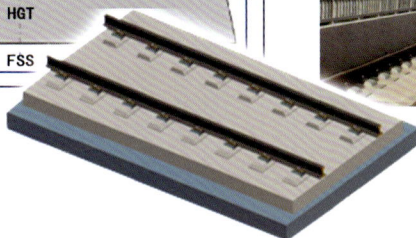

CRTSI型双块式无砟轨道系统，应用于武汉—广州、宁波—台州—温州、温州—福州、福州—厦门等高速铁路。

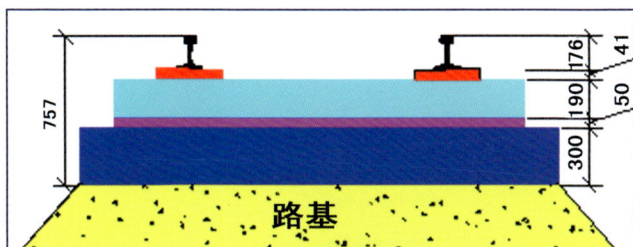

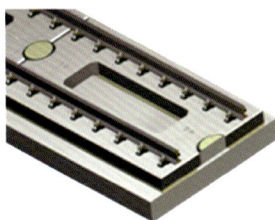

CRTSI型板式无砟轨道系统，应用于石家庄—太原、武汉—广州、哈尔滨—大连、上海—南京等高速铁路。

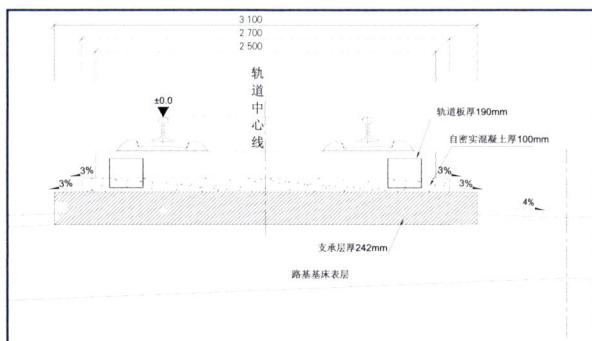

CRTSIII型无砟轨道系统，应用于成都—都江堰铁路。

轨道板制造

通过打磨，轨道板承轨槽精度达到0.1毫米，提高了轨道的平顺性，保证了高速列车的安全和舒适。

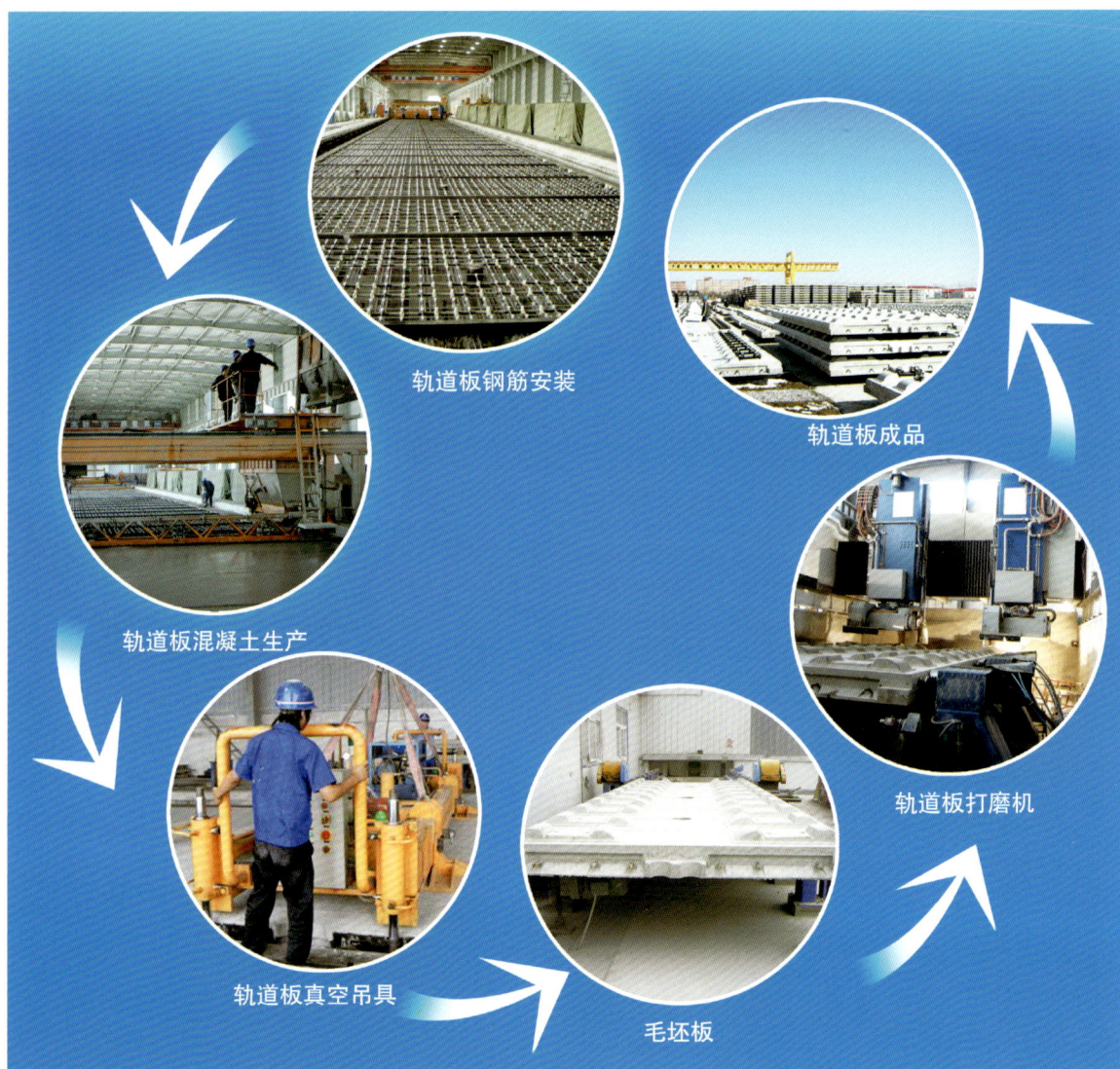

轨道板钢筋安装

轨道板成品

轨道板混凝土生产

轨道板打磨机

轨道板真空吊具

毛坯板

无砟轨道铺设

通过先进的安装和调试工艺，无砟轨道轨距精度达到±1毫米、高低精度达到±2毫米。

桥上底座板

轨道板粗铺

无砟轨道粗调机

轨道板精调

轨道板封边

轨道精调测量小车

铺设好后的无砟轨道

高速铁路钢轨制造和焊接技术

成功研制出满足时速350公里要求的100米定尺高速钢轨。

定尺钢轨万能轧机

定尺钢轨运输

在焊轨基地焊接形成的500米长钢轨

长钢轨现场焊接

500米长钢轨铺设

钢轨打磨

跨区间无缝线路

高速铁路扣件技术

成功研制出时速350公里和250公里高速铁路扣件系统。

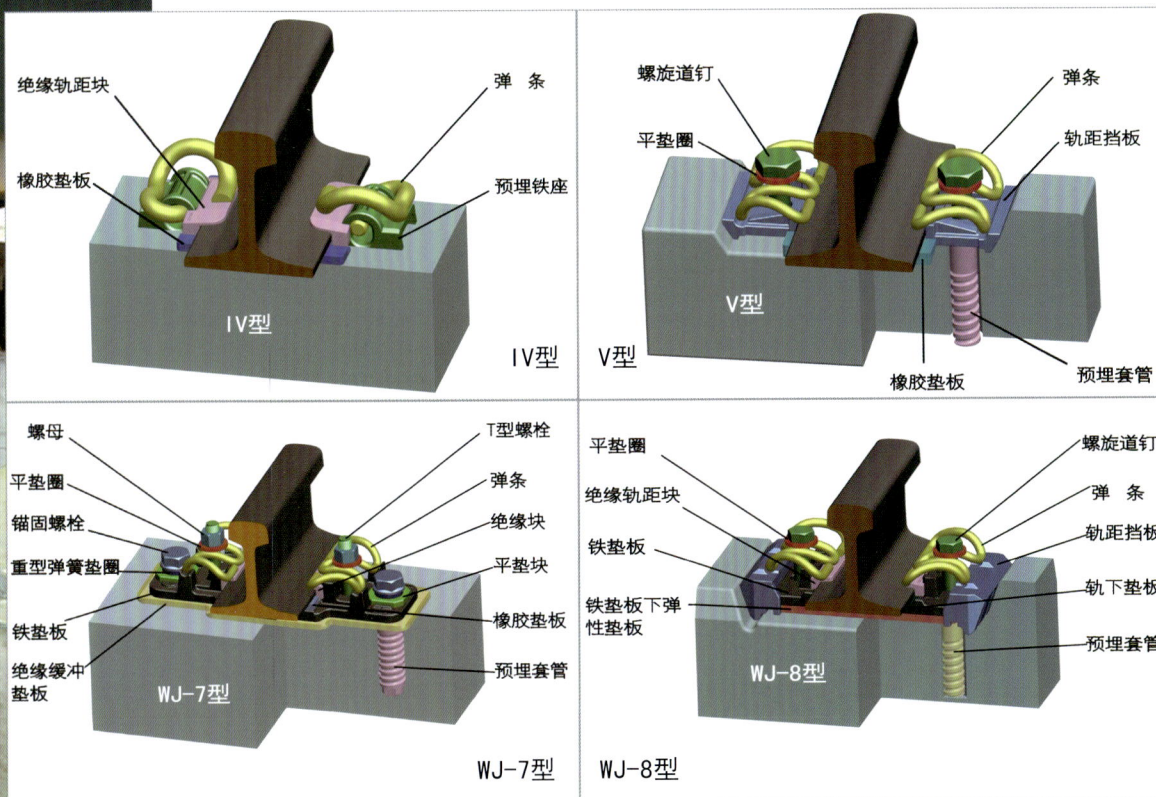

成功研制出时速250公里、350公里高速道岔。

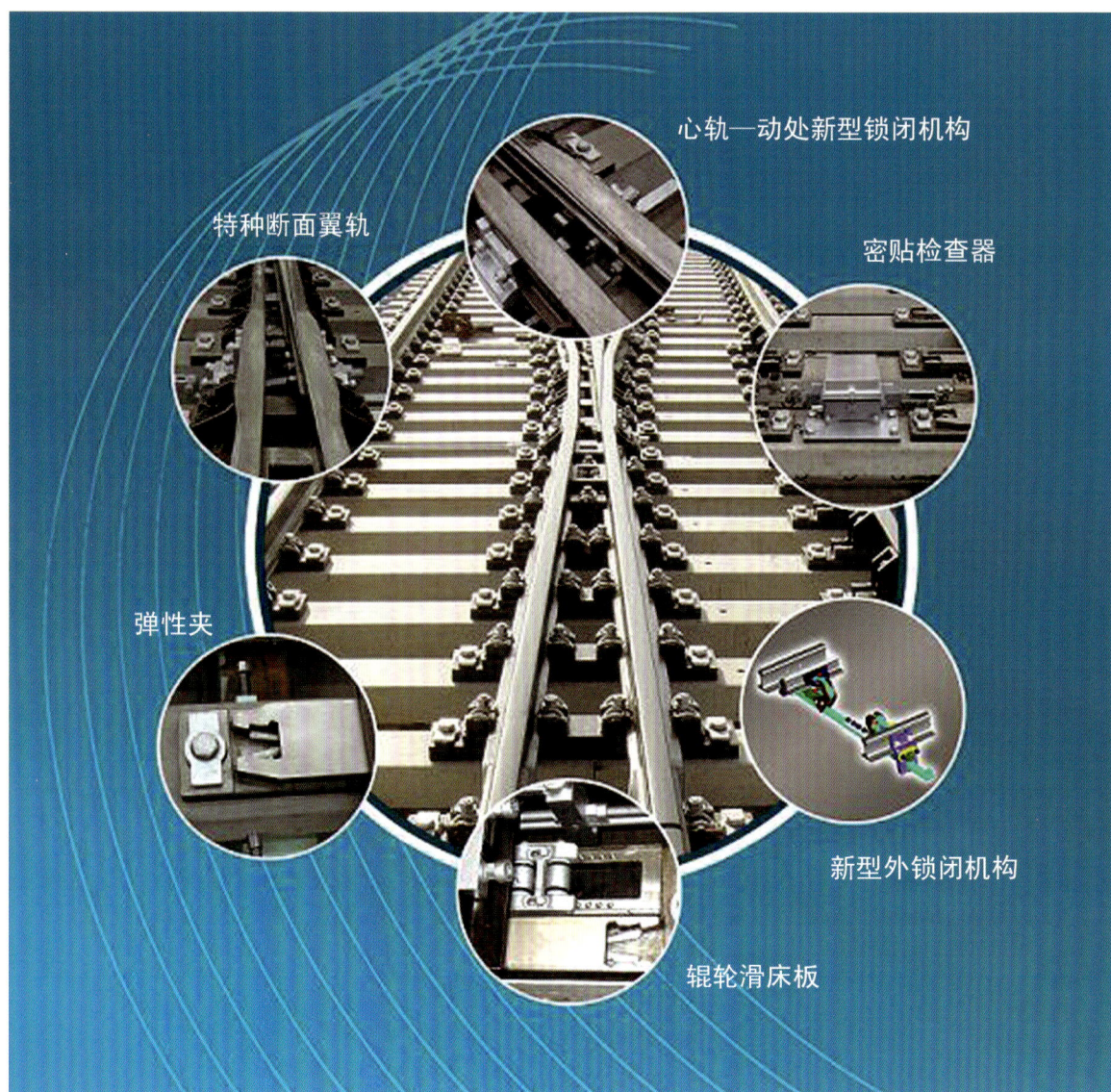

心轨—动处新型锁闭机构

特种断面翼轨

密贴检查器

弹性夹

新型外锁闭机构

辊轮滑床板

研制的时速350公里高速铁路18号无砟道岔，应用于武广高速铁路。

研制的时速250公里高速铁路18号道岔，广泛应用于既有线第六次大提速和石太、胶济、甬台温、温福和福厦等新建高速铁路。

高速铁路测量技术

  采用三维绝对坐标定位和先进测量手段、装备和方法，实现轨道的高平顺性，满足列车高速运行的需要。

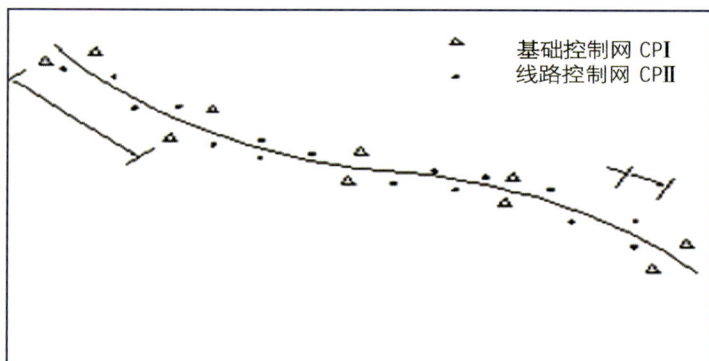

基础控制网 CPI

线路控制网 CPII

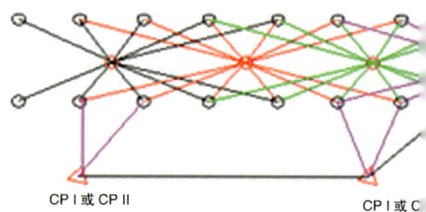

设立了CPI、CPII、CPIII三级平面控制网和高精度的高程控制网。

线路粗调

线路精调

CP I 或 CP II

○ 自由站

○ CP III 点

△ CP I 或 CP II

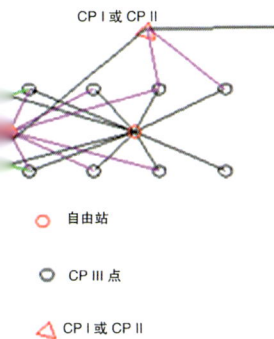

轨道几何状态测量仪

高速铁路电气化接触网施工

综合SCADA系统可对全线牵引供电、电力设备实施远程监控

京沪高速铁路全线供电采用AT供电模式

机车车辆装备技术达到世界先进水平

按照"引进先进技术、联合设计生产、打造中国品牌"的方针，经过短短几年时间，中国铁路机车车辆装备设计制造取得了一系列具有世界先进水平的技术创新成果。

高速动车组技术

成功掌握了具有世界先进水平的国产时速200~250公里动车组制造技术，在此基础上，搭建了世界最先进的时速350公里动车组技术平台。投入运营的动车组表现出运营速度高、运量大、节能环保、平稳舒适等良好运行品质。

全面掌握动车组九大关键技术

牵引控制系统：采用计算机技术，对牵引变流器和牵引电机进行有效的控制，实现动车组牵引、调速的智能化。

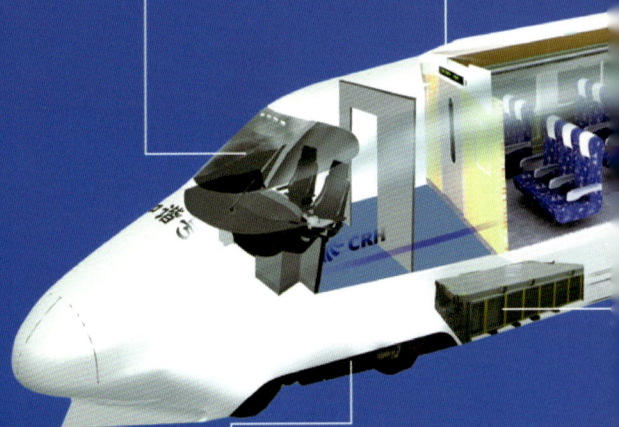

国产化"和谐号"动车组制造车间

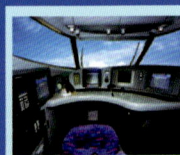

高速转向架：采用高强度、轻量化的焊接构架，以及先进的轮轴、空气弹簧和减振器等装置，实现动车组高速运行时的良好动力学性能，达到安全、平稳、舒适。

牵引变流器：大功率变流器传动，核心技术准化、系列性

国产化"和谐号"动车组制造车间

铝合金车体：采用先进的流线型外观设计和轻量化结构，确保动车组具有良好的结构强度、气动性能和密封降噪效果。

动车组总成：通过先进的技术对各系统参数进行优化匹配，采用现代工艺手段进行组装合成，并经过科学严密的调试，以实现动车组综合性能的最优化。

网络控制系统：采用先进的计算机网络技术对列车的关键部位、重要零部件进行集中实时监控。

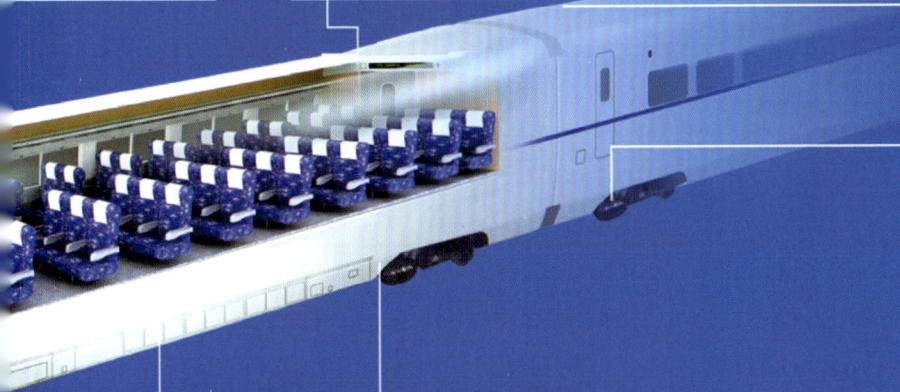

牵引电机：采用三相交流异步感应电机和轻量化结构设计，实现稳定的大功率交流牵引。

采用**IGBT**实现交直交牵引，设计模块化、标准，技术成熟可靠。

牵引变压器：采用新型材料、绝缘工艺，体积小、重量轻，实现电压的变换，满足牵引供电的需要。

制动系统：采用先进的计算机技术，以电制动为主，空气制动为辅，根据指令、按模式曲线对动车组进行精确制动和定位停车。

具有自主知识产权的时速200公里及以上国产化"和谐号"动车组，是中国时速250公里高速铁路和既有线提速区段的主力车型。

CRH1"和谐号"动车组列车，时速200~250公里，功率5 300千瓦。

CRH2A"和谐号"动车组列车，时速200~250公里，功率4 800千瓦。

CRH2E"和谐号"长编组卧铺动车组，时速200~250公里，功率9 600千瓦。

CRH2B "和谐号"长编组座车动车组，时速200～250公里，功率9 600千瓦。

CRH5 "和谐号"动车组列车，时速200～250公里，功率5 500千瓦。

时速200～250公里"和谐号"动车组列车的服务设施

CRH2—300"和谐号"动车组列车，时速350公里，功率7 800千瓦。

CRH2C"和谐号"动车组列车，时速350公里，功率8 196千瓦。

CRH3"和谐号"动车组列车，时速350公里，功率8 800千瓦。

具有自主知识产权的"和谐号"动车组列车，是中国高速铁路使用的主力车型。

时速350公里"和谐号"动车组列车的服务设施

中国自主研制的CRH380A新一代动车组下线

大功率机车技术

    在引进世界最先进的大功率内燃、电力机车技术，系统掌握核心技术基础上，适应中国铁路运输需求进行再创新，成功研制出国产6轴7 200千瓦、8轴9 600千瓦和6轴9 600千瓦大功率电力机车，以及4 400千瓦大功率内燃机车，形成了具有自主知识产权的大功率机车产品系列。

全面掌握大功率交流传动电力机车九大关键技术

制动系统:采用CCBII电子控制空气制动系统,具有实时状态检测、故障诊断和冗余控制功能。

总成:采用模块化设计和集成技术,实现整车集成和系统联调。

牵引变
迫空冷
牵引逆

车体:采用高强度底架、承载式整体油箱等先进装置,并设有防撞和防爬装置。

网络控制:采用先进的计算机控制技术,对机车、柴油机、交流传动系统、电阻制动、辅助系统进行集中控制和功能保护。

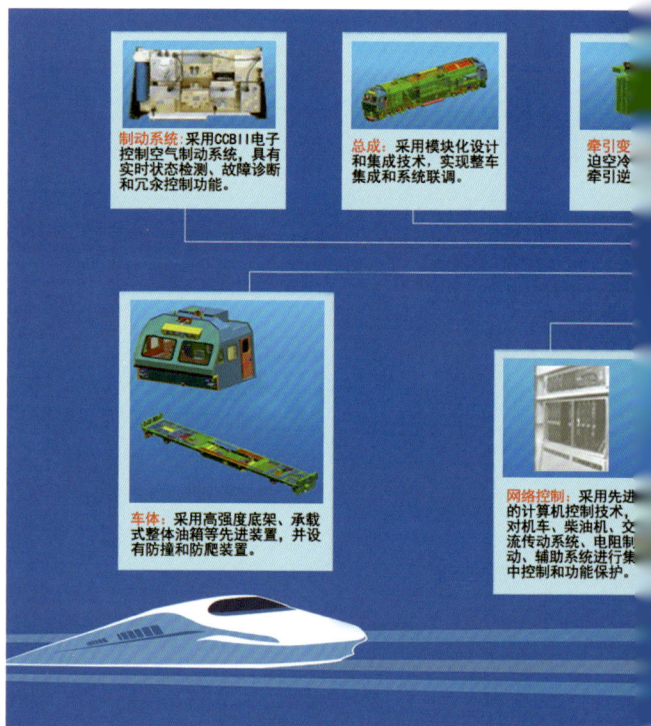

全面掌握大功率交流传动内燃机车九大关键技术

国产化"和谐型"大功率交流传动机车制造车间

柴油机：采用4.66kW大功率电子喷射柴油机，具有低能耗、低排放的特点。

向架：采用Co-Co接式构架，与车构间通过橡胶庞承接连接，具有动学性能好、可靠高等特点。

牵引电机：采用三相交流异步电机，抱轴悬挂方式，具有体积小、重量轻、功率大的特点。

驱动装置：采用液压拆卸结构的齿轮驱动方式，铸铝焊接式分体齿轮箱，分箱面采用槽焊接合结构设计。

通过自主创新，我国铁路已基本掌握大功率交流传动内燃机车九项核心技术。

具有自主知识产权的国产"和谐型"大功率交流传动电力机车和内燃机车，是中国主要干线牵引5 000~6 500吨货物列车和1万吨及以上重载货物列车的主力机型。

"和谐型"（HXD1）大功率交流传动电力机车，时速120公里，功率9 600千瓦。

"和谐型"（HXD2）大功率交流传动电力机车，时速120公里，功率9 600千瓦。

"和谐型"（HXD1B）大功率交流传动电力机车，时速120公里，功率9 600千瓦。

"和谐型"（HXD2B）大功率交流传动电力机车，时速120公里，功率9 600千瓦。

"和谐型"（HXD3）大功率交流传动电力机车，时速120公里，功率7 200千瓦。

"和谐型"（HXD3B）大功率交流传动电力机车，时速120公里，功率9 600千瓦。

"和谐型"（HXN3）大功率交流传动内燃机车，时速120公里，功率4 400千瓦。

"和谐型"（HXN5）大功率交流传动内燃机车，时速120公里，功率4 400千瓦。

车辆装备

自主研发了载重70吨通用货车、80吨煤炭专用货车、100吨矿石和铜铁专用货车等先进车辆装备。

C100AH型专用敞车，载重100吨，时速120公里。

P70型棚车，载重70吨，时速120公里。

D45型落下孔车，载重450吨。

C70型通用敞车，载重70吨，时速120公里。

C80型专用敞车，载重80吨，时速120公里。

GQ70型油罐车，载重70吨，时速120公里。

C80型运煤敞车，载重80吨，时速100公里。

D32A型凹底平车，载重320吨，时速120公里。

SQ5型双层运输汽车专用车，时速120公里。

X2H型双层集装箱车，载重78吨，时速120公里。

DQ35型钳夹车，时速120公里。

养护维修装备技术

轨道检查车，最高检测速度200公里/小时，可动态检测轨道高低、轨向、轨距、水平、三角坑、曲率以及加速度等参数。

电务检查车，最高检测速度160公里/小时，可实时检测无线列调场强和调度命令，监测和记录车载ATP。

钢轨探伤车，最高检测速度60公里/小时，采用轮式超声波传感器，可对钢轨内部伤损进行检测和分析。

接触网检查车，最高检测速度200公里/小时。

自主研制的高速综合检测列车，可对高速铁路轨道、牵引供电、通信信号等设备设施以及轮轨和弓网接触状态及列车舒适性指标等进行检测。

QS-650型全断面道砟清筛机，可在不拆除轨排的情况下，高质量、高效率地完成全断面道砟清筛作业，是铁路线路大修清筛施工的主要机型。

DWL-48型连续走行捣固稳定车，能够实现连续式三枕捣固作业，同时对线路进行动力稳定，作业后的线路精度高、稳定性好、可以常速运行。

青藏铁路示意图

高原铁路技术达到世界先进水平

青藏铁路是世界上海拔最高、线路最长的高原铁路，全长1 972公里，其中西宁至格尔木段长830公里，1958年9月开工，1984年5月建成投入运营；格尔木至拉萨段长1 142公里，海拔4 000米以上线路占84％，最高点海拔5 072米，2001年6月29日开工，2006年7月1日建成投入运营。

青藏铁路拉萨河特大桥

青藏铁路唐古拉车站是世界海拔最高的铁路车站

世界上海拔最高的现代化物流中心——青藏铁路那曲物流中心于2009年8月17日建成投入运营

　　青藏铁路在攻克多年冻土、高寒缺氧、生态脆弱三大世界性工程难题方面取得重大成果。2008年"青藏铁路工程"荣获国家科技进步特等奖。

　　针对多年冻土难题，确立了"主动降温、冷却地基、保护冻土"的设计思想，采取多种冻土工程技术措施，有效保护了冻土环境。

片石气冷路基

通风管路基

热棒路基

以桥梁跨越特殊不良冻土地段

针对高寒缺氧难题，建立了覆盖全线的高原医疗服务救治体系，实现了高原大规模工程建设和运营管理高原病零死亡、鼠疫零传播，高原病防治居国际领先水平。

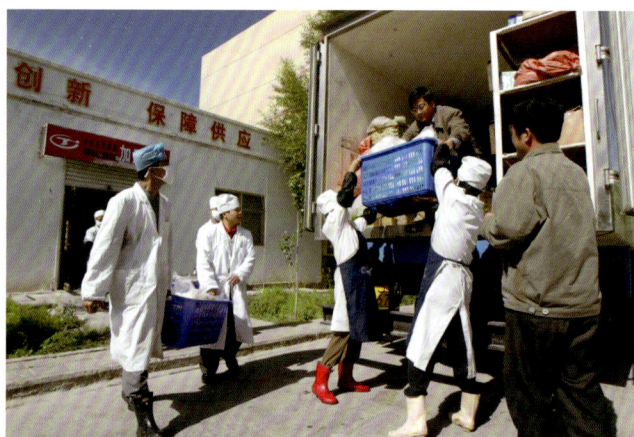

采用冷藏车为职工运送新鲜的蔬菜、水果和其他食品

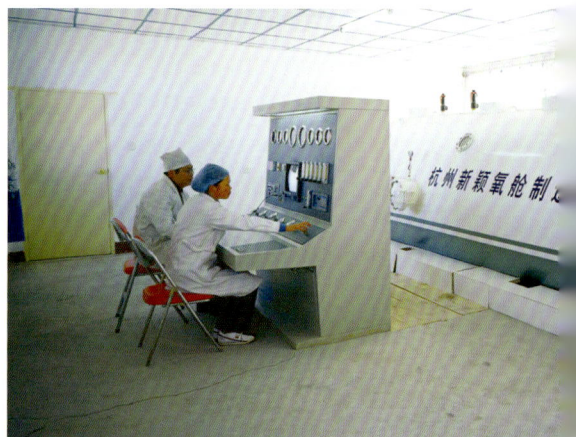

高压氧舱

施工场地周围采取严格的防鼠措施，防止鼠疫传播

具有防寒、保温、抗紫外线功能的职工宿舍

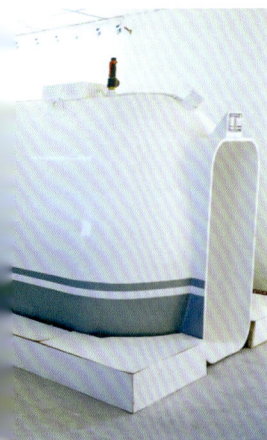

工地氧吧车

工地急救

针对生态脆弱难题，采取了一整套环保措施，最大限度地减少对野生动物、植被、湿地、湖泊的影响，实现了工程建设、铁路运营与自然环境的和谐。

草皮防护

骨架护坡

防止水土流失和水源污染

挡土墙

野生动物通道

石方格固沙

草皮移植

高原铁路装备技术

NJ2型高原内燃机车

高原巡检车

GSM-R铁路数字移动通信系统

高原桥梁检查车

新一代智能化分散自律调度集中系统

道岔融雪装置

尖轨与基本轨之间融雪效果

2006年7月1日青藏铁路投入运营以来，实现了"安全持续稳定、运输畅通无阻、服务优质高效、环保全面达标"的总体目标。青藏铁路的客运量、货运量等指标稳步增长，有力促进了青藏两省区经济社会又好又快发展。

既有线提速技术达到世界先进水平

　　为提高铁路运输能力，满足人民群众出行需要，中国铁路持续实施既有线提速战略，于1997年4月1日、1998年10月1日、2000年10月21日、2001年10月21日、2004年4月18日、2007年4月18日先后实施六次大面积提速和调整列车运行图，提速范围覆盖全国铁路主要干线、较大城市和大部分地区，主要提速干线客运列车运行时速最高达到200～250公里，运输产品得到丰富，运输能力显著提升，服务质量明显改善。

1993年沈大铁路（沈阳—大连）开始进行提速试验，1994年2月10日提速取得成功，沈阳—大连区间"辽东半岛号"旅客列车比原来压缩1小时，开创了中国铁路既有线提速的先河。

广深铁路（广州—深圳）全长147公里，是中国第一条旅客列车时速160公里的铁路，1991年12月开工，1994年12月开通运营。

1996年4月1日，沪宁铁路（上海—南京）"先行号"快速旅客列车开行，最高时速达140公里。

在半径1 200公里左右的主要中心城市之间，大量开行夕发朝至列车和一站直达特快旅客列车。

在半径500公里左右的城市间大量开行朝发夕归列车

站车服务水平逐步提升

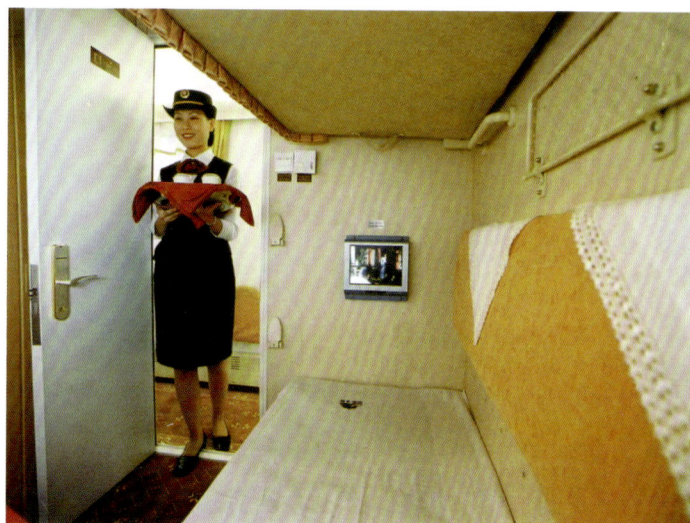

　　大量开行"五定"班列（定点、定线、定车次、定时间、定运价）、大宗货物直达列车、行包专列。

第六次大面积提速

2007年4月18日，中国铁路实施了第六次大面积提速调图，主要城市之间大量开行"和谐号"动车组列车，在繁忙干线上大量开行"和谐型"大功率机车牵引的5 000～6 500吨货物列车和双层集装箱列车。

通过第六次大面积提速，中国铁路既有线提速成套技术跻身世界先进行列。

高品质旅行服务

双层集装箱列车

大量采用PD3钢轨、超长无缝线路、Ⅲ型轨枕、高强度耐磨一级道砟、18号有砟道岔等新装备、新技术。

长钢轨铺设

应用现代化养路机械进行线路施工

PD3钢轨

18号有砟道岔

Ⅲ型轨枕

高强度耐磨一级道碴

采用由我国自主设计的牵引供电技术和自动过分相技术，满足了重联动车组、货物列车客货共线及开行双层集装箱列车的运行要求。

直供加回流方式供电电源

既有线电气化改造施工

全补偿简单链型悬挂接触网

经过六次大面积提速，中国铁路旅客列车运行速度和服务质量大幅提高，与1997年第一次大面积提速前相比，主要城市间旅行时间大幅度缩减。

起点站	第一次大面积提速前	第六次大面积提速后	压缩时间
北京—哈尔滨	16小时22分	7小时50分	8小时32分
北京—上海	17小时26分	9小时59分	7小时27分
北京—青岛	12小时49分	5小时37分	7小时12分
北京—汉口	15小时27分	8小时22分	7小时05分
北京—南昌	31小时24分	11小时30分	19小时54分
北京—深圳	48小时48分	23小时13分	25小时35分
北京—福州	42小时40分	19小时38分	23小时02分
北京—乌鲁木齐	67小时28分	40小时06分	27小时22分
上海—长沙	25小时50分	7小时30分	18小时20分
上海—南昌	15小时49分	5小时08分	10小时41分

既有线提速线路资源和质量大大提高

通过实施既有线提速战略，全国铁路既有线时速和线路延展里程均有较大幅度提高。

图 例

国界、未定国界
省、自治区、直辖市界
250公里/小时线路
200公里/小时线路
160公里/小时线路
双线铁路
单线铁路
双线电气化铁路
单线电气化铁路
窄轨铁路
铁道部所在地
铁路局(集团公司)
主要车站
轮渡

南海诸岛

重载运输技术达到世界先进水平

在京哈、京沪、京广、陇海、侯月等主要干线普遍开行5 000～6 500吨货物列车，截至2010年，已贯通5 000吨以上货物列车的里程比2002年有大幅度增长。

中国铁路既有线5 000～6 500吨货物列车开行线路示意图

大秦铁路（大同—秦皇岛）通过自主创新和扩能改造，在世界上首次实现机车无线同步操纵技术与GSM-R技术结合，大量开行了1万吨和2万吨重载组合列车，年运量在2002年达到设计能力1亿吨基础上逐年大幅度提升，2010年已达到4亿吨，达到了世界铁路重载运输的先进水平。

大秦铁路重载煤运列车

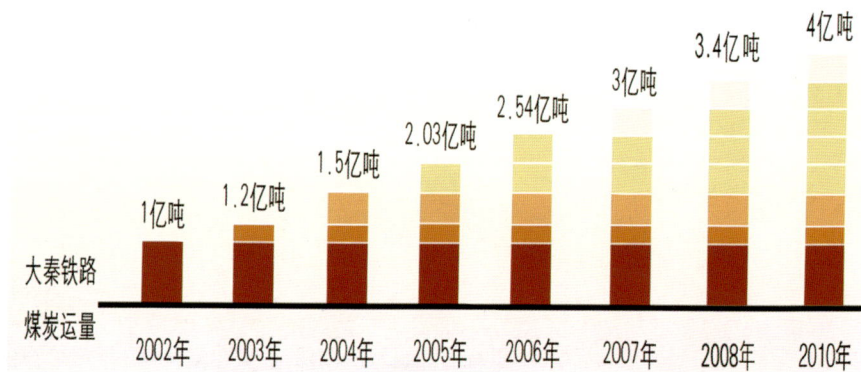

大秦铁路
煤炭运量

| 2002年 | 2003年 | 2004年 | 2005年 | 2006年 | 2007年 | 2008年 | 2010年 |
| 1亿吨 | 1.2亿吨 | 1.5亿吨 | 2.03亿吨 | 2.54亿吨 | 3亿吨 | 3.4亿吨 | 4亿吨 |

216

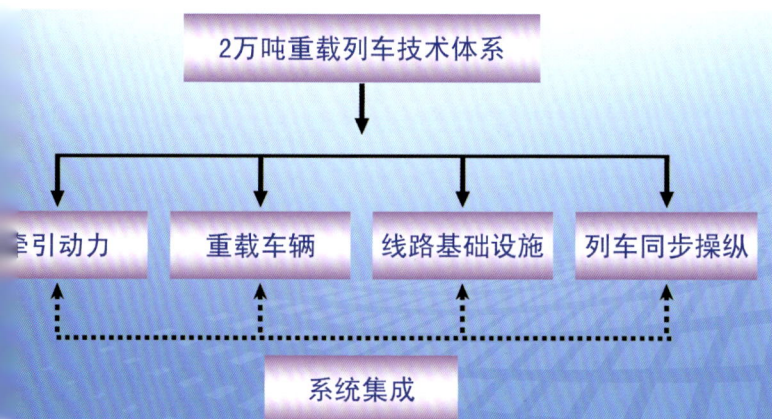

2万吨重载组合列车技术体系

（1）2×10 000 t（和谐型机车1＋1＋可控列尾编组）

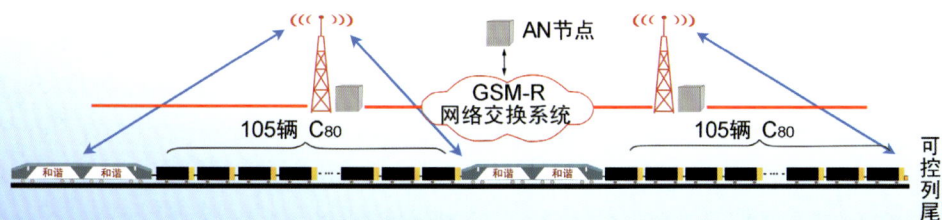

（2）2×10 000 t（韶山4型机车1＋2＋1编组）

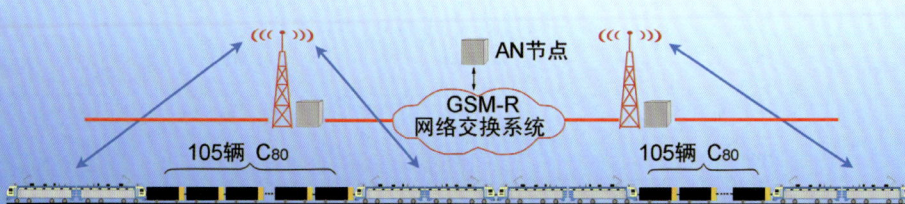

（3）4×5 000 t（韶山4型机车1＋1＋1＋1编组）

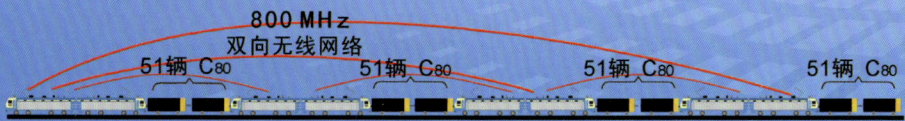

2万吨重载组合列车编组图

在世界上首次实现了机车无线同步操纵技术与GSM-R技术的结合。

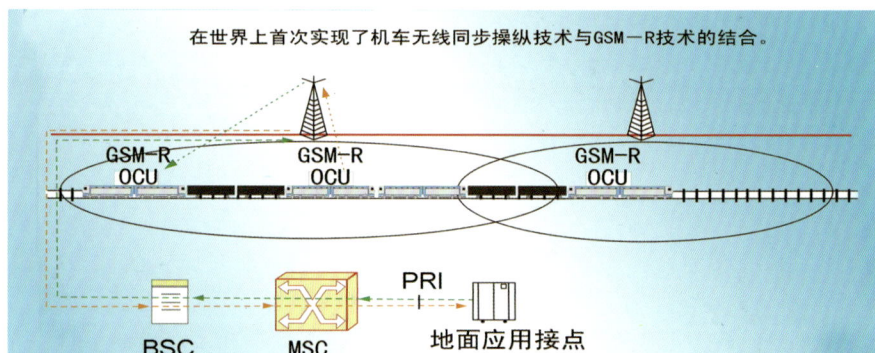

大秦铁路在世界上首次实现了机车无线同步操纵技术与中国铁路专用无线通信网（GSM-R）技术的结合，由过去点对点通信传输，发展成为系统网络通信传输，解决了机车间通信距离限制的关键问题。

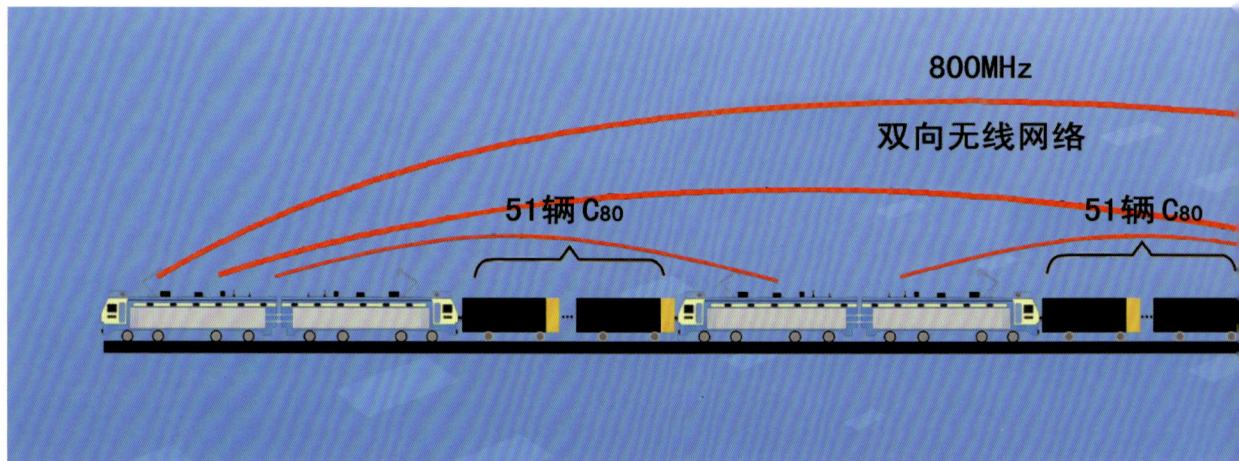

实现了800 MHz数据电台与机车无线同步操纵技术结合，通信传输距离由450 MHz的650米提高到800 MHz的790米。

大秦铁路集疏运示意图

集疏运系统一体化

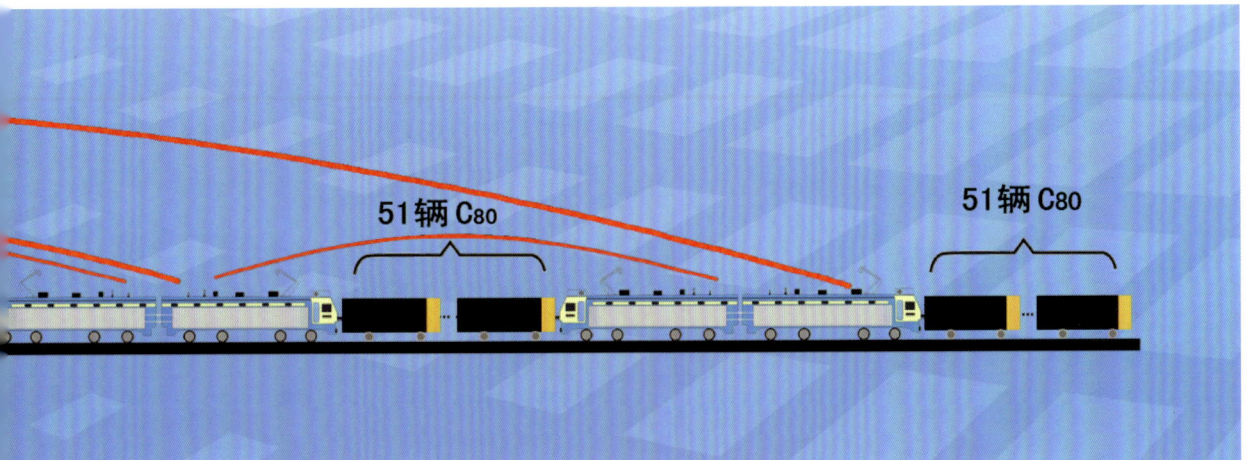

51辆 C80　　　51辆 C80

湖东站运煤重载列车

秦皇岛港翻车机卸煤

茶坞站运煤重载列车

机车自动过分相装置

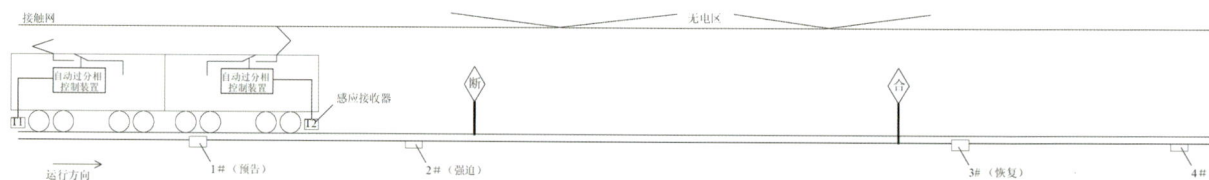

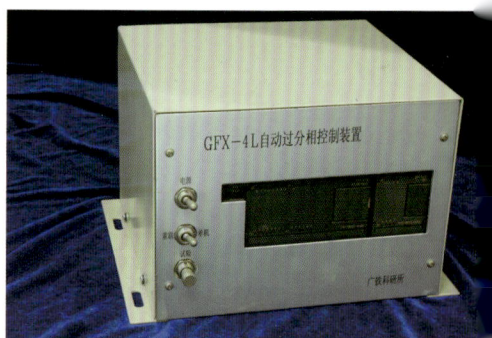

大容量牵引变压器

新型75 kg/m 钢轨

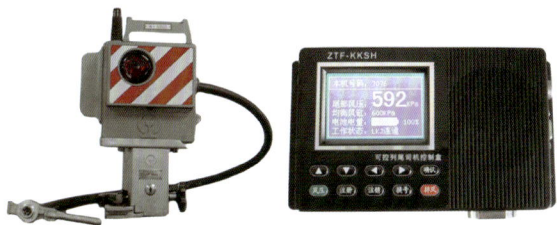

可控列尾装置

重载铁路桥涵加固技术

铁路运输调度技术和信息化达到世界先进水平

中国铁路运输调度指挥、列车运行控制、客票发售与预订、货运大客户管理、建设项目管理等铁路系统的信息化加快推进，高速铁路无线列控、运营调度等技术走在世界前列。

高速铁路运营调度系统

自主开发的高速铁路运营调度系统，能够满足高速列车运行和调度指挥的需要。

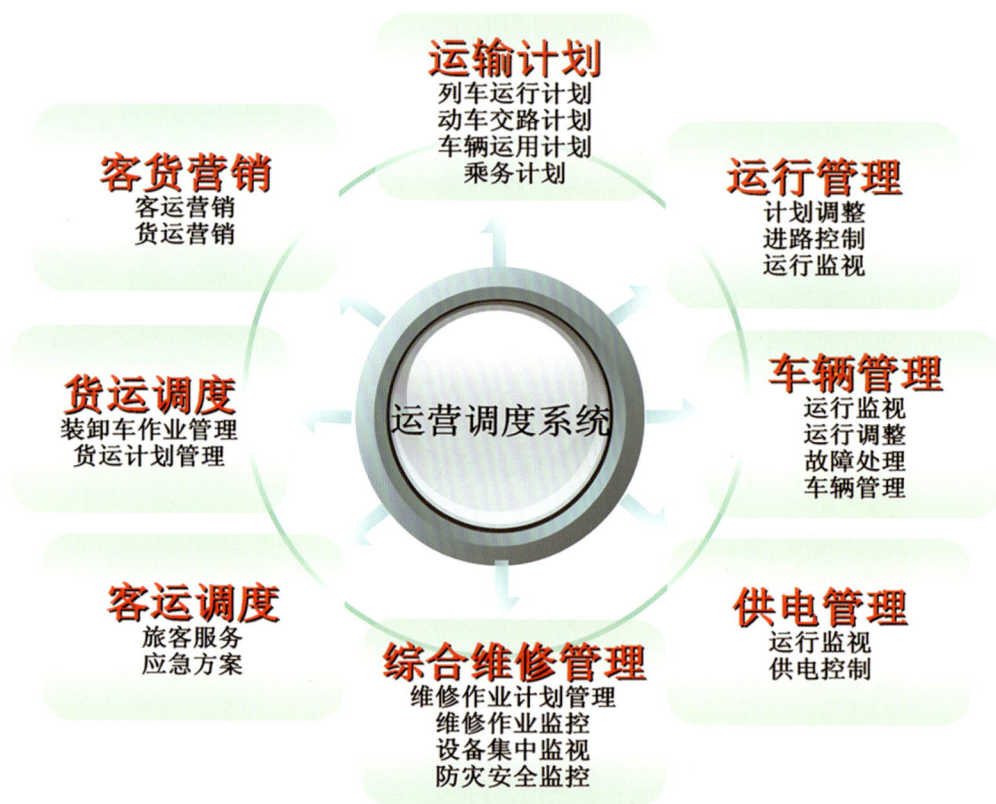

运营调度系统组成及主要功能

运营调度仿真试验中心

铁路局运输调度所

高速铁路列车控制技术

　　成功研发了具有中国特色、拥有自主知识产权的CTCS-2级列控系统和CTCS-3级列控系统，有效解决了动车组高速运行、不同速度值列车高密度混合运行、动车组跨线运行、系统设备互联互通等技术难题。

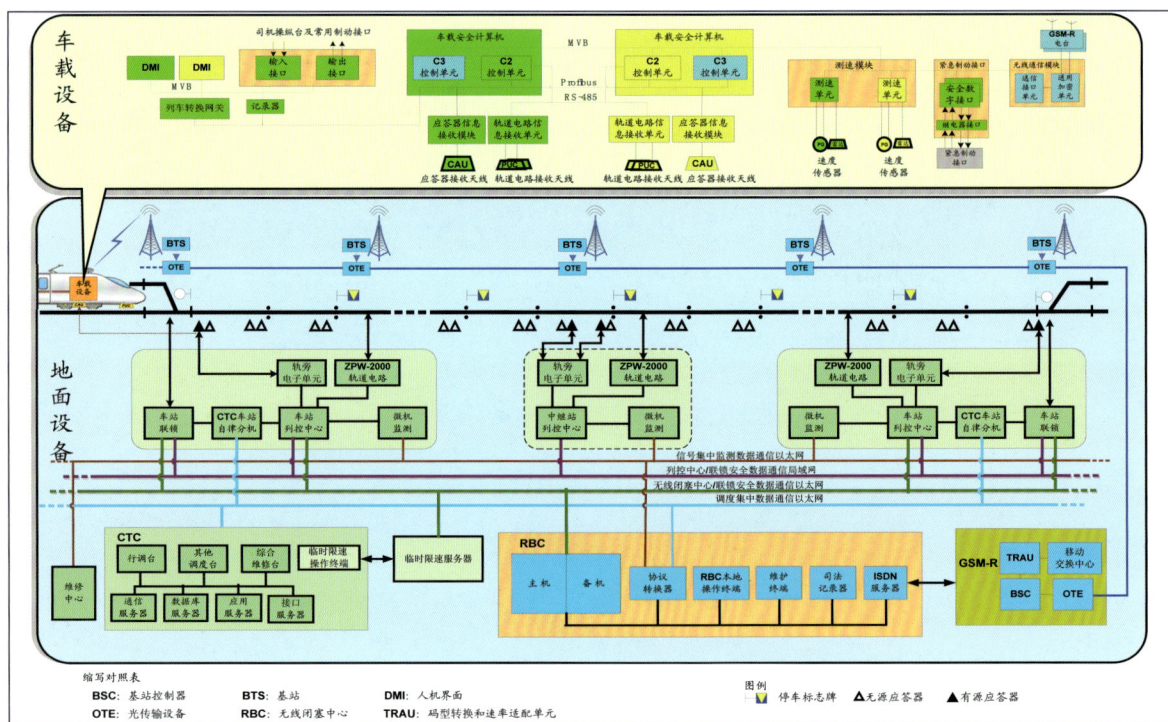

CTCS-3级列控系统结构图

动车组列车车载自动控制系统（ATP）

点式应答器

高速铁路客运服务系统

　　自主研发的高速铁路客运服务系统包括票务、旅客服务、市场营销策划三大业务系统，功能完整、操作简单、安全可靠。

中国铁路客户服务中心投入应用

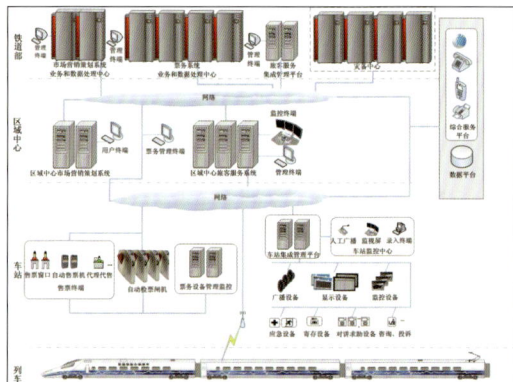

客运服务信息系统结构图

信息引导系统

自动售票机

自动检票机

车站监控中心

高速铁路系统集成及联调联试

　　中国铁路系统掌握了高速铁路总体设计、接口管理、联调联试等关键技术，实现了高速铁路工务工程、动车组、牵引供电、通信信号、运营调度、客运服务等各子系统的集成，使整体系统功能达到最优。

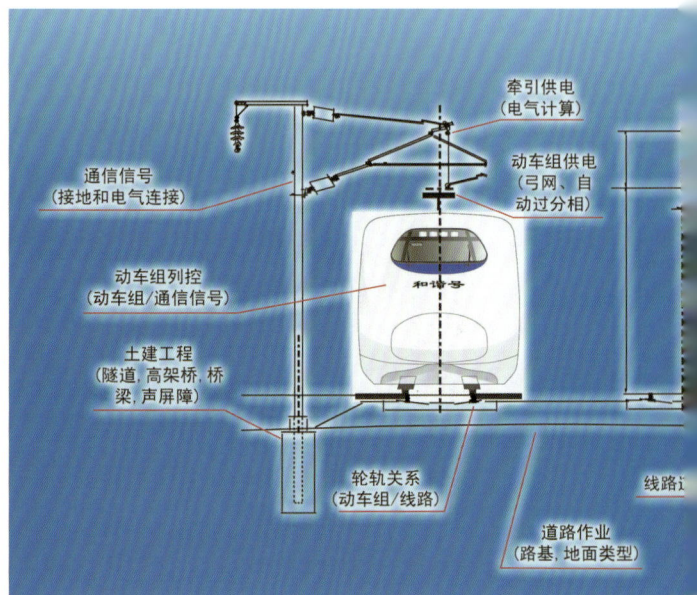

通信信号
（接地和电气连接）

牵引供电
（电气计算）

动车组供电
（弓网、自动过分相）

动车组列控
（动车组/通信信号）

土建工程
（隧道，高架桥，桥梁，声屏障）

轮轨关系
（动车组/线路）

线路

道路作业
（路基，地面类型）

高速列车与其他子系统的主要接口关系

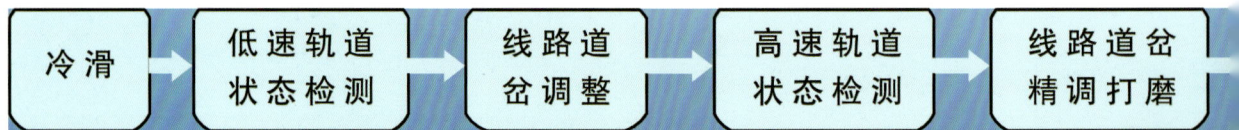

| 冷滑 | → | 低速轨道状态检测 | → | 线路道岔调整 | → | 高速轨道状态检测 | → | 线路道岔精调打磨 |

0号高速综合检测列车

CRH

CIT001-01

电磁兼容

供电
（短路电路）

限界
限界）

通信信号
（电缆走线，接线
柜，信号，远动）

客运专线技术体系

工务工程　牵引供电　通信信号　电动车组　信息系统　运用维修

线路枢纽　路基工程　轨道工程　桥涵工程　隧道工程　建筑工程　环保工程　供变电系统　接触网系统　电力系统　远程监控系统　车载子系统　地面子系统　联锁子系统　调度集中CTC　通信系统　总成　车体　转向架　牵引系统　制动系统　列车网络系统　客运管理系统　调度指挥系统　客票售订系统　旅客服务系统　安全监控系统　人才培训　综合检测　综合维修　动车段所

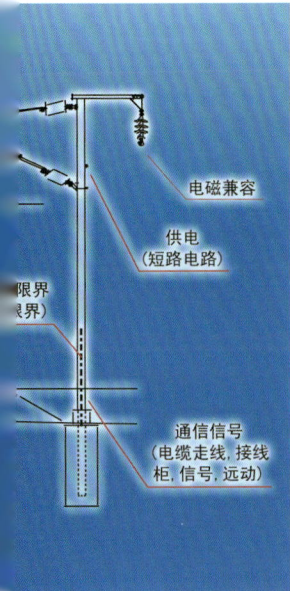

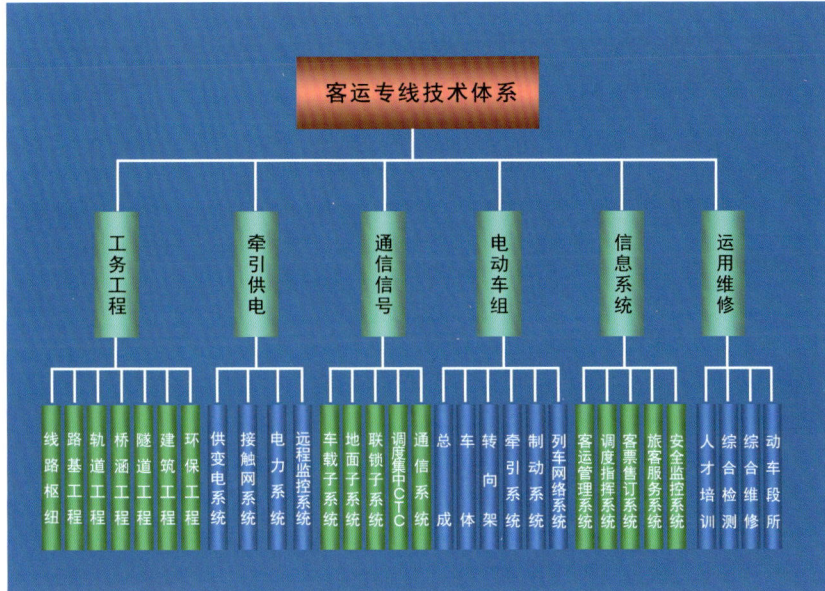

轨检及动力学确认

联调联试流程

列车调度指挥系统（TDCS）

　　自主研发的列车调度指挥系统，采用先进信息技术，可以实现全国铁路有关列车运行及调整、数据统计的信息共享和自动处理。

铁道部运输调度指挥中心

铁道部信息技术中心

铁路局运输调度所和机房

调度集中系统（CTC）

　　自主研发的调度集中系统，集成了信号、通信、计算机、运输管理等多项技术，可以实现各级运输调度的集中管理、统一指挥和实时监督。

铁路通信系统

以传输及接入、电话交换、数据网、GSM-R专用移动通信等设备为基础，将有线和无线通信有机结合，实现语音、数据、图像的多种传输功能。

铁路数字移动通信系统（GSM-R）

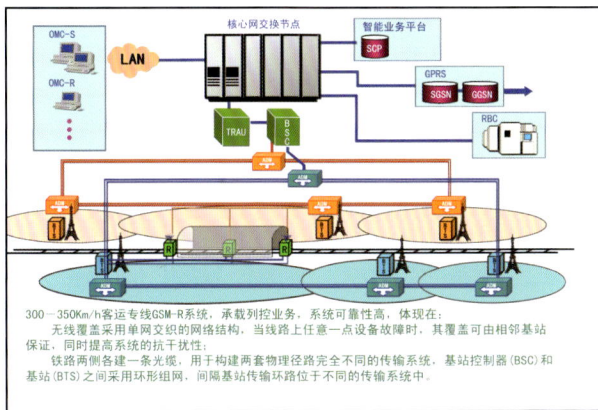

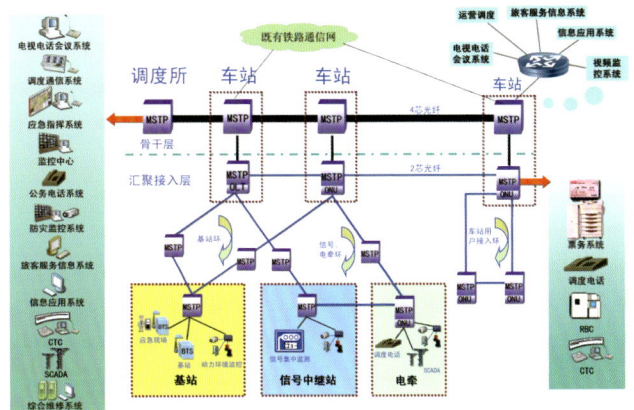

300~350Km/h客运专线GSM-R系统，承载列控业务，系统可靠性高，体现在：
无线覆盖采用单网交织的网络结构，当线路上任意一点设备故障时，其覆盖可由相邻基站保证，同时提高系统的抗干扰性；
铁路两侧各建一条光缆，用于构建两套物理径路完全不同的传输系统。基站控制器(BSC)和基站(BTS)之间采用环形组网，间隔基站传输径路位于不同的传输系统中。

通信系统结构图

采用数字网络
视频技术，实现对
车站重点区域、公
跨铁立交桥、通信
机房、信号机房、
牵引供电机房、电
力机房的实时监
控；对公跨铁立交
桥重点部位的异物
侵入等主动发出报
警信息；在控制中
心和分控中心可实
现分专业、分区域
远程监控。

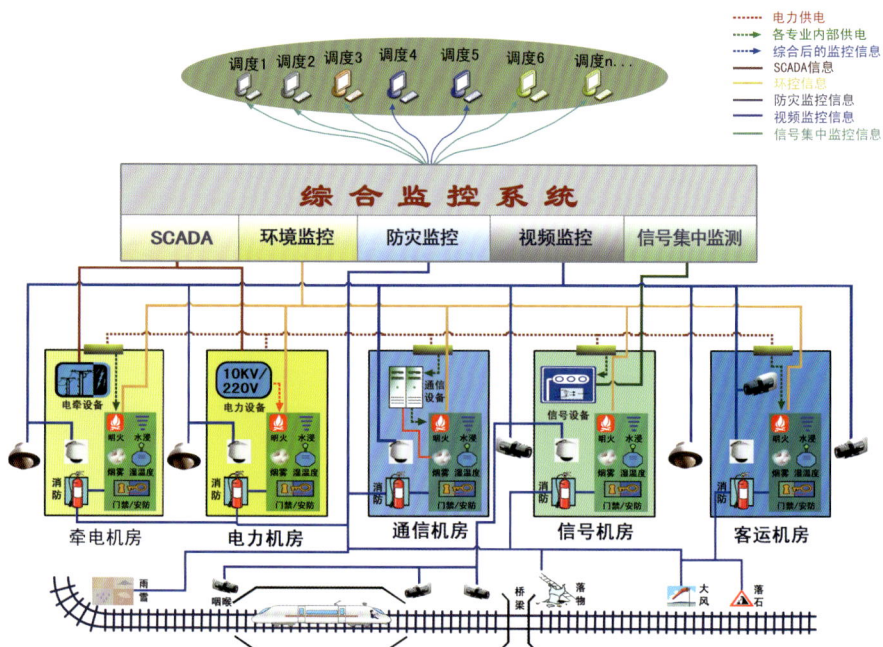

综合监控系统结构图

车站综合监控中心

运输生产经营信息化建设

采用现代信息技术，在运输生产、客货营销、经营管理等领域研发了大量信息系统并广泛使用，提高了铁路管理水平和效率。

编组站综合自动化系统

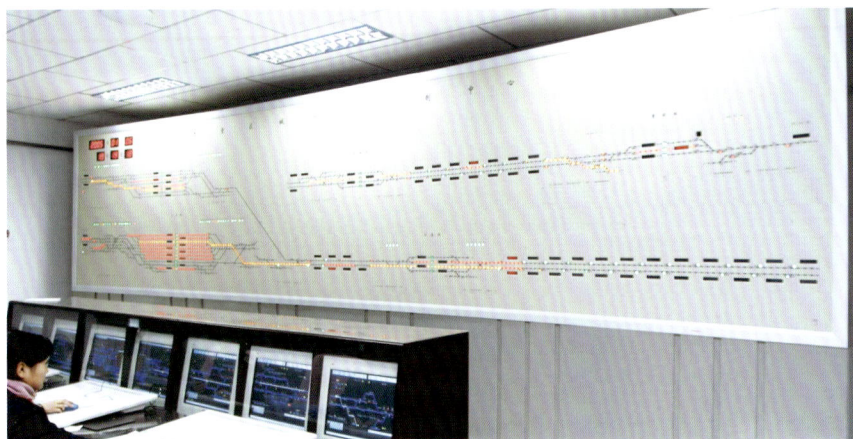

车站计算机联锁设备

节能环保技术广泛推广应用

　　中国铁路以建设资源节约型和环境友好型铁路为目标，坚持节约发展和清洁发展，充分发挥铁路占地少、能耗低、污染小的比较优势，大力发展电气化铁路，广泛推广节能节地新技术，提高能源资源利用效率，降低污染物排放，铁路干线和重要支线建成"绿色长廊"。

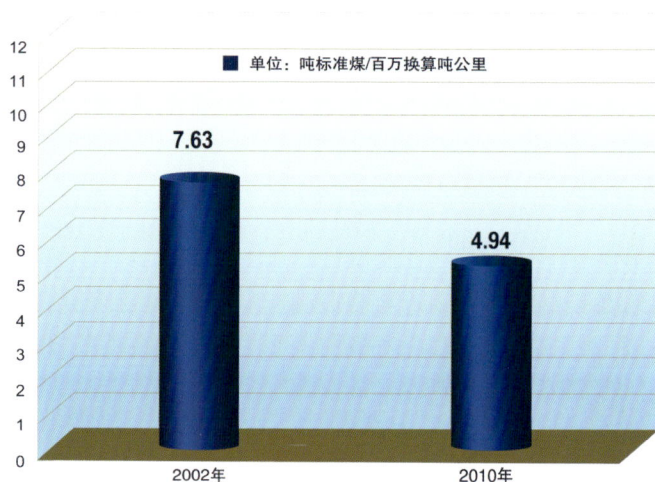

单位：吨标准煤/百万换算吨公里

- 2002年 7.63
- 2010年 4.94

国家铁路单位综合耗能对比图

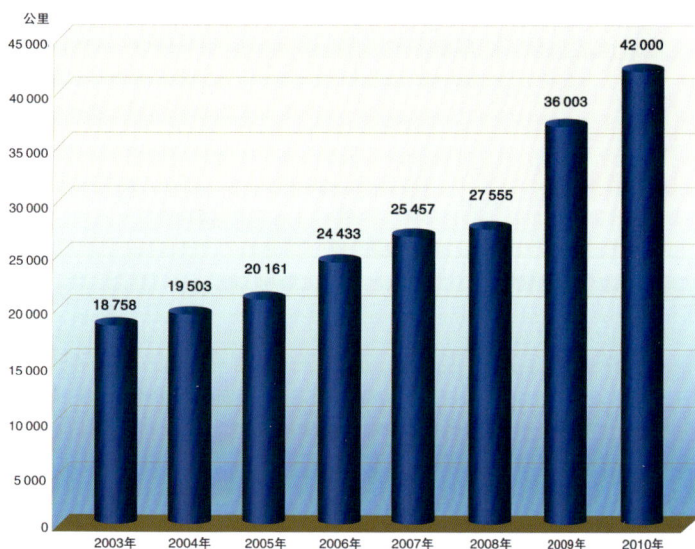

公里

- 2003年 18 758
- 2004年 19 503
- 2005年 20 161
- 2006年 24 433
- 2007年 25 457
- 2008年 27 555
- 2009年 36 003
- 2010年 42 000

全国铁路电气化里程

国家铁路宜林线路打造绿色长廊

新建高速铁路大量采取以桥代路措施，节省土地资源。

按照景观设计要求，大量采用绿色边坡防护。

施工中加强生态环境保护

大量采用声屏障，减少噪音污染。

加快发展绿色环保的电气化铁路

动车组列车全部安装真空式集便装置，实现了污物、污水集中收集和垃圾零排放。

应用液体蓬布，减少铁路煤灰污染。

铁路科技成果丰硕

2002-2009年，铁道部共有1个项目获国家科技进步特等奖、6个项目获国家科技进步一等奖、11个项目获国家科技进步二等奖。

2002-2009年铁道部获国家级科技奖项目表

序号	年度	奖项	名　称
1	2002年	一等奖	中国铁路提速工程成套技术与装备
2	2002年	一等奖	大跨度低塔斜拉桥板桁组合结构建造技术
3	2002年	二等奖	铁路18信息无绝缘移频自动闭塞系统
4	2002年	二等奖	复杂地质条件下特长双线隧道综合施工技术
5	2003年	一等奖	秦岭特长铁路隧道修建技术
6	2003年	二等奖	东风4D型系列内燃机车
7	2004年	二等奖	列车气动、撞击行车安全研究与应用
8	2005年	一等奖	铁道机车车辆—轨道耦合动力学理论体系、关键技术及工程应用
9	2005年	二等奖	交流传动系统及其高性能控制技术的研究与应用
10	2005年	二等奖	牵引供电自动化系统成套技术及应用
11	2005年	二等奖	海上长桥整孔箱梁运架技术及装备
12	2006年	二等奖	铁路线路大型养路机械成套装备技术与应用
13	2006年	二等奖	ZPW-2000A型无绝缘移频自动闭塞系统
14	2008年	特等奖	青藏铁路工程
15	2008年	一等奖	大秦铁路重载运输成套技术与应用
16	2009年	一等奖	时速250公里动车组高速转向架及应用
17	2009年	二等奖	客运专线钢轨成套技术开发及应用
18	2009年	二等奖	列车过桥动力相互作用理论、安全评估技术及工程应用

运输经营取得显著社会效益和经济效益

中国铁路坚持深化内涵扩大再生产，优化运力资源配置，路网综合运输能力和效率不断提高，实现了客货运量和运输收入大幅度增长，创造了良好的社会效益和经济效益。

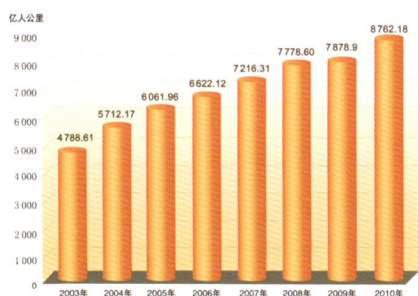

全国铁路旅客周转量

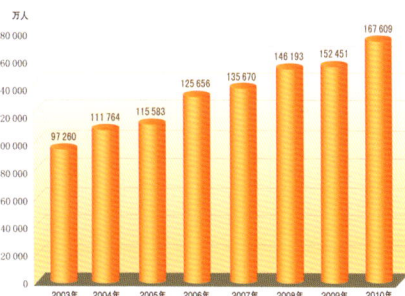

全国铁路旅客发送量

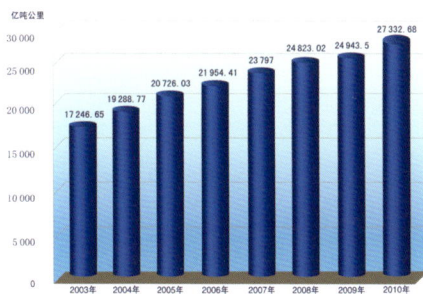

全国铁路货运周转量

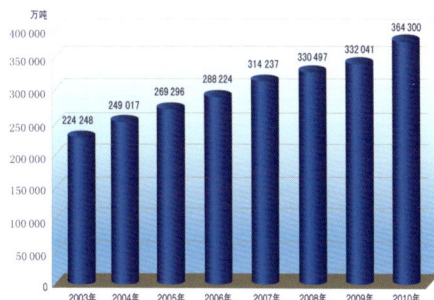

全国铁路货物总发送量

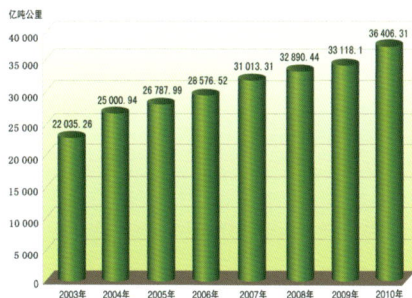

全国铁路总换算周转量

中国铁路旅客周转量、货物发送量、换算周转量、运输密度居世界第一，中国铁路以占全世界6％的铁路营业里程完成世界铁路25％的工作量。

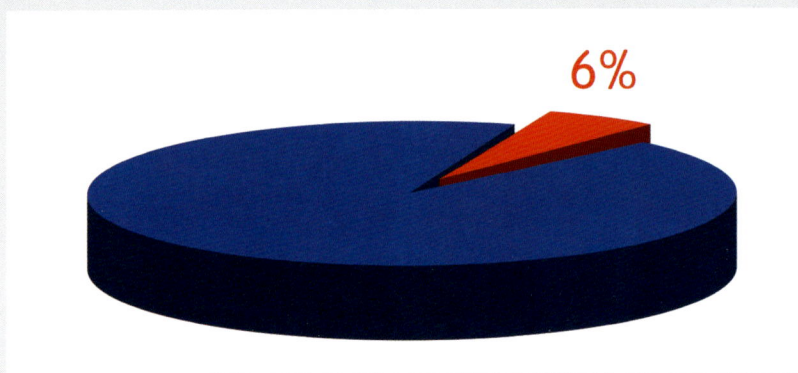

6%

中国铁路占世界铁路营业里程比重

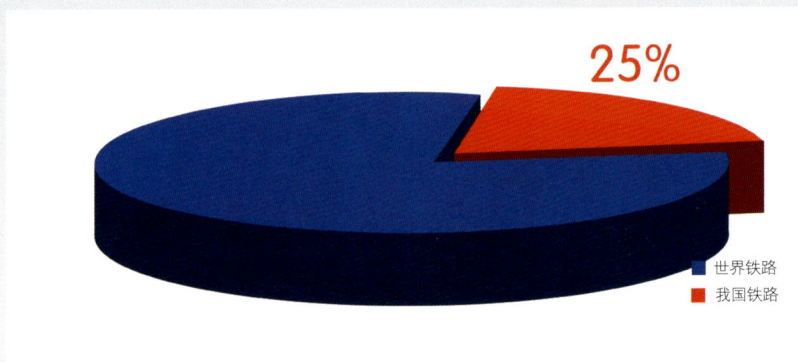

25%

■ 世界铁路
■ 我国铁路

中国铁路占世界铁路工作量比重

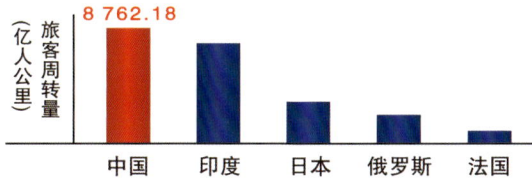

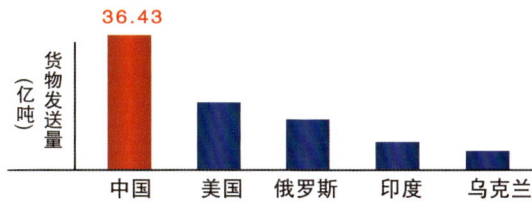

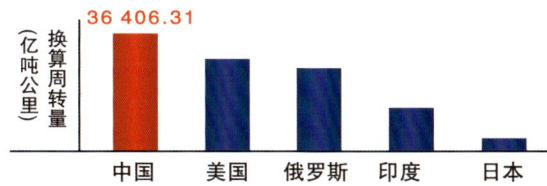

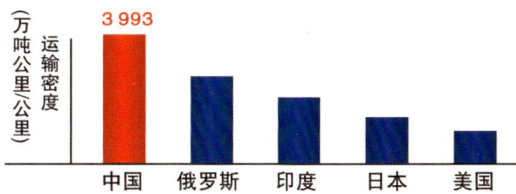

世界铁路主要技术指标前五名国家排序示意图（2010年数据）

重点物资运输

中国铁路坚持国家利益至上，在运输能力十分紧张的情况下，优先保证煤炭、木材、原油、钢材及冶炼等关系国计民生的重点物资运输，为国民经济平稳运行作出了重要贡献。

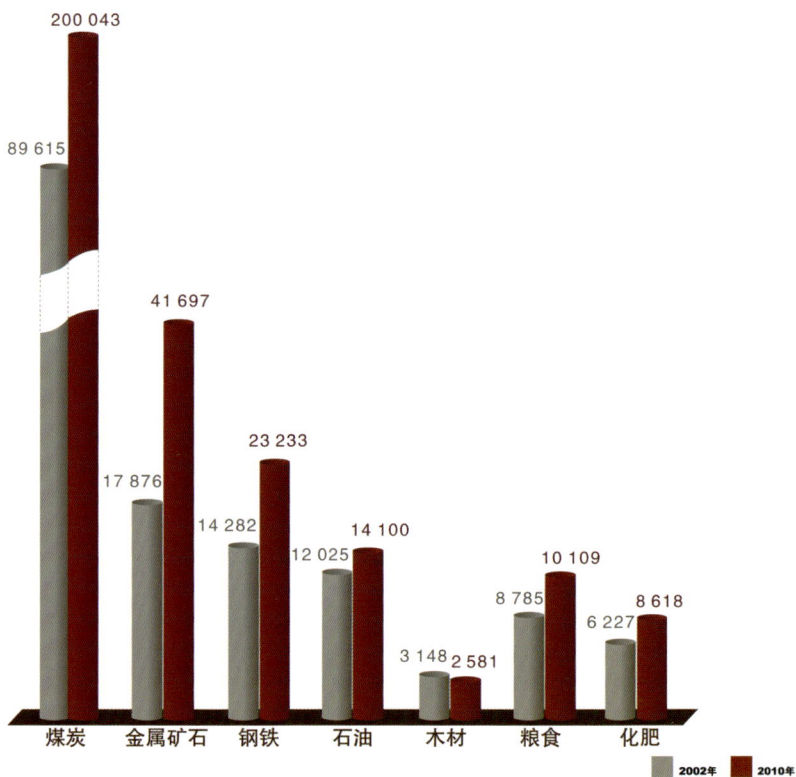

全国铁路分品类主要货物运量图（单位：万吨）

钢材运输

煤炭运输

铁路承担全国煤炭运输比例

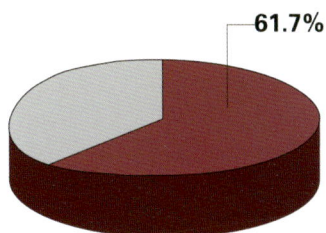

61.7%

铁路承担全国棉花运输比例

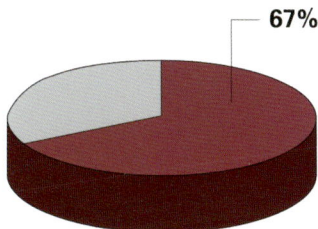

67%

铁路承担全国石油运输比例

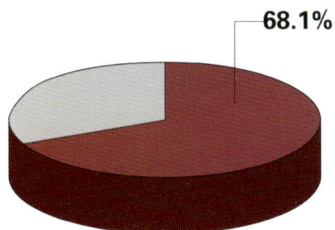

68.1%

铁路承担全国钢铁运输比例

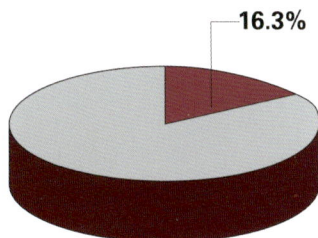

16.3%

■ 铁路运输
■ 其他部门运输

原油运输

木材运输

公益性运输

　　中国铁路坚持以社会效益为重，通过承担公益性运输，对"三农"物资运输给予运费减免等措施，大力提供公益性运输保障。

装运蔬菜

运送化肥

学生售票专口

运输农业机械

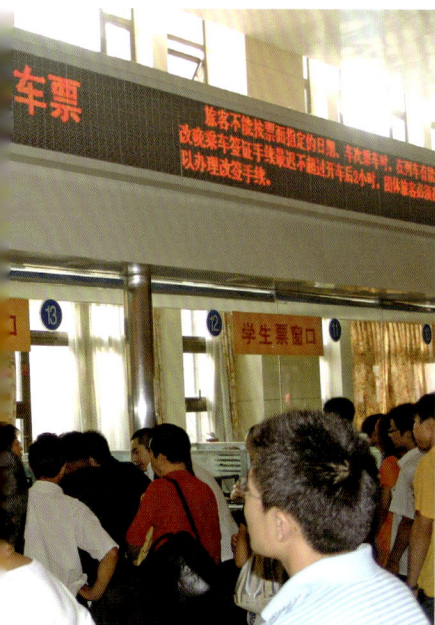

装运粮食

在国家历次重大抢险救灾中，铁路部门充分发挥运输骨干作用，调集全路运力，畅通运输通道，抢运救灾物资，为确保人民生命财产安全和生产生活物资供应，提供了可靠的运输保障。

在抗击低温雨雪冰冻灾害中确保铁路运输畅通

紧急调运抢险救灾物资

突击抢运电煤支援全国抢险抗灾

有序疏运滞留旅客

提前抢通汶川特大地震受阻中断的宝成铁路109号隧道

抢运抗震物资支援玉树灾区

加固宝成铁路涪江大桥

抢运抗震救灾物资

转运汶川特大地震受灾伤员

铁路运输安全全面强化

中国铁路通过提高安全技术装备水平，建立和完善提速和高速铁路安全保障体系，提高员工队伍素质，强化安全基础建设，推动了铁路安全发展。2005年4月1日《铁路运输安全保护条例》经修订后重新公布施行，2007年9月1日《铁路交通事故应急救援和调查处理条例》公布施行，铁路安全管理法制化水平进一步提高。

大量采用先进安全检测监测装备

车辆运行监测系统

提速线路综合检测车

动态检测 联网运行 远程监控 信息共享
确保铁路运输安全

动车组检修装备

货车装载状态监测系统

货运安全检测监控系统

机车检修装备

红外监测车

轨道衡

设备精检细修

标准化作业一丝不苟

广泛开展路外安全宣传教育活动

人防、物防和技防相结合，确保铁路运输安全。

开展形式多样的职工业务培训

提速干线实现全立交

积极开展应急救援演练

提速干线实现全封闭

铁路改革取得历史性突破

中国铁路适应社会主义市场经济体制的要求，大力推进铁路改革，取得明显成效。

2005年3月，中国铁路实施了铁路局直接管理站段体制改革，撤销了铁路分局，变四级管理为三级管理，并对运输生产力布局进行大规模调整，运输站段数量由1491个减少到627个，解决了长期以来管理重叠、运力资源分散等问题，提高了管理效率，极大地释放了运输生产力。铁路公检法管理体制改革有序推进。

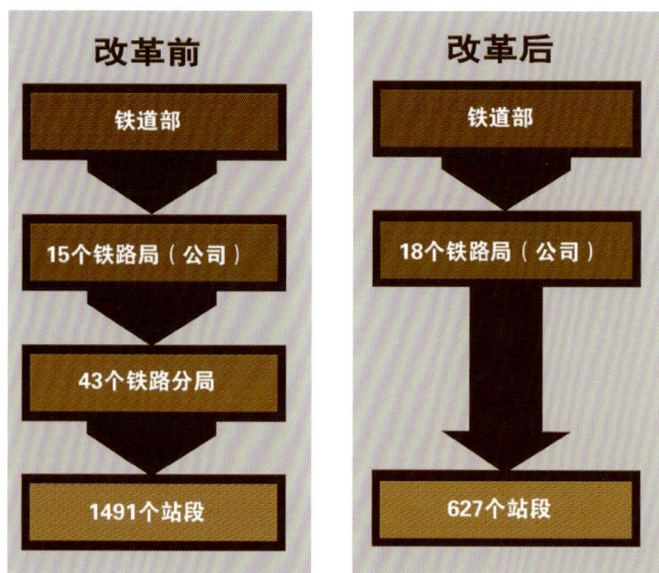

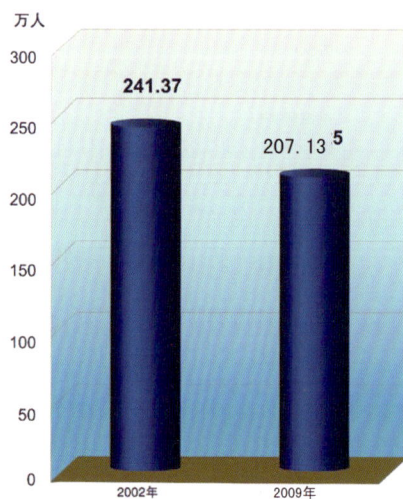

改革前	改革后
铁道部	铁道部
15个铁路局（公司）	18个铁路局（公司）
43个铁路分局	
1491个站段	627个站段

万人

241.37　　207.13 5

2002年　　2009年

部属单位从业人员数

主辅分离和社会职能移交

继2000年中国铁路工程总公司、中国铁道建筑总公司、中国铁路机车车辆工业总公司、中国铁路通信信号总公司、中国土木工程公司从铁道部分离出去之后，2003年以来，陆续将中国铁路物资、设计、施工企业移交国资委及所属企业管理，中小学、医院全部移交地方政府管理。

投融资体制改革取得重要突破

中国铁路按照"政府主导、多元化投资、市场化运作"的思路，积极吸引地方政府和社会资本投资铁路建设。2003年以来，新组建合资铁路公司逐步增加，吸引了大量地方政府、战略投资者投资，合资铁路建设总规模不断扩大，改变了铁路建设仅靠国家铁路投资的局面。大秦铁路公司成功上市，广深铁路公司首发A股成功。

2006年8月1日大秦铁路股份有限公司上市

广深铁路公司继1996年5月H股上市后，于2006年12月A股上市。

大力开展铁路对外交流与合作

口岸运输

　　改革开放的不断深化和中国加入世贸组织，为铁路口岸运输开拓了更加广阔的前景。中国铁路运输口岸站主要有连接俄罗斯、蒙古、哈萨克斯坦、朝鲜、越南等国的满洲里、绥芬河、二连浩特、阿拉山口、丹东、凭祥站等。

阿拉山口口岸站

满洲里口岸站

二连浩特口岸站

绥芬河口岸站

北京—汉堡国际集装箱列车

有关国际组织领导人考察中国高速铁路

2009年4月21日，法国国民议会议长阿夸耶一行参观京津城际铁路，并乘坐国产"和谐号"动车组列车。

2009年5月28日，美国国会众议院议长佩洛西一行参坐国产"和谐号"动车组列车。

2009年9月11日，老挝国家主席朱马利·赛雅贡一行参观京津城际铁路，并乘坐国产"和谐号"动车组列车。

2009年10月22日，菲律宾众议院议长诺格拉莱斯一行并乘坐国产"和谐号"动车组列车。

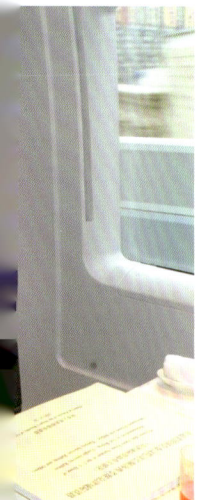

津城际铁路，并乘

2009年6月25日，泰国总理阿披实参观京津城际铁路，并乘坐国产"和谐号"动车组列车。

见京津城际铁路，

2009年10月26日，联合国前秘书长科菲·安南率领的联合国基金会访华团参观京津城际铁路，并乘坐国产"和谐号"动车组列车。

2010年8月29日，国际奥林匹克委员会主席罗格一行参观沪宁高速铁路，并乘坐国产"和谐号"动车组列车。

2010年8月29日，日本外相冈田号"动车组列车。

2010年10月31日，联合国秘书长潘基文携夫人一行参观沪宁高速铁路，并乘坐国产"和谐号"动车组列车。

一行参观京津城际铁路，并乘坐国产"和谐

2010年9月10日，新加坡总理李显龙一行参观武广高速铁路，并乘坐国产"和谐号"动车组列车。

2010年12月14日，柬埔寨首相洪森一行参观京津城际铁路，并乘坐国产"和谐号"动车组列车。

1911—2010年铁路主要指标

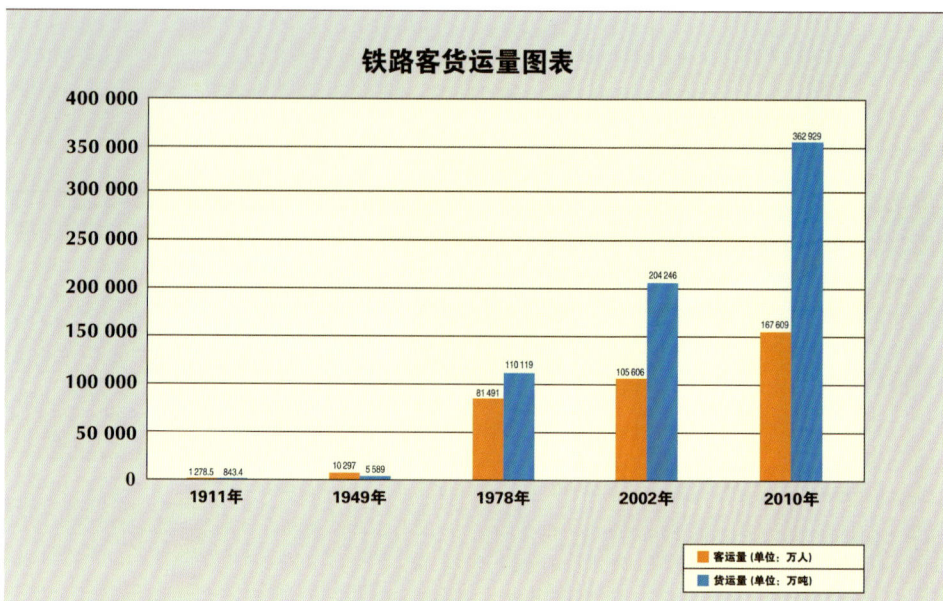

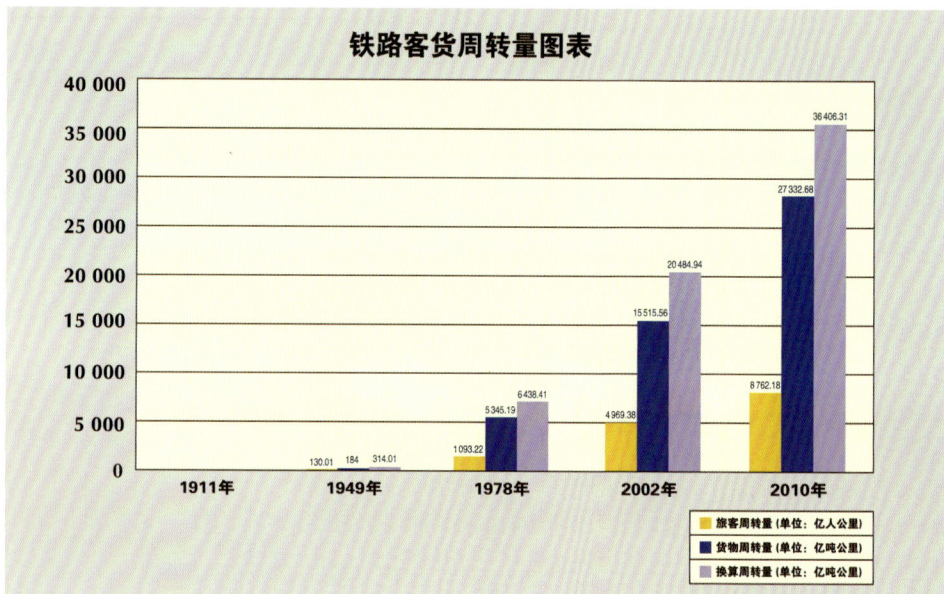

铁路客货运量图表

	1911年	1949年	1978年	2002年	2010年
客运量（单位：万人）	1 278.5	10 297	81 491	105 606	167 609
货运量（单位：万吨）	843.4	5 589	110 119	204 246	362 929

- 客运量（单位：万人）
- 货运量（单位：万吨）

铁路客货周转量图表

	1911年	1949年	1978年	2002年	2010年
旅客周转量（单位：亿人公里）		130.01	1 093.22	4 969.38	8 762.18
货物周转量（单位：亿吨公里）		184	5 345.19	15 515.56	27 332.68
换算周转量（单位：亿吨公里）		314.01	6 438.41	20 484.94	36 406.31

- 旅客周转量（单位：亿人公里）
- 货物周转量（单位：亿吨公里）
- 换算周转量（单位：亿吨公里）

274

铁路机车车辆保有量图表

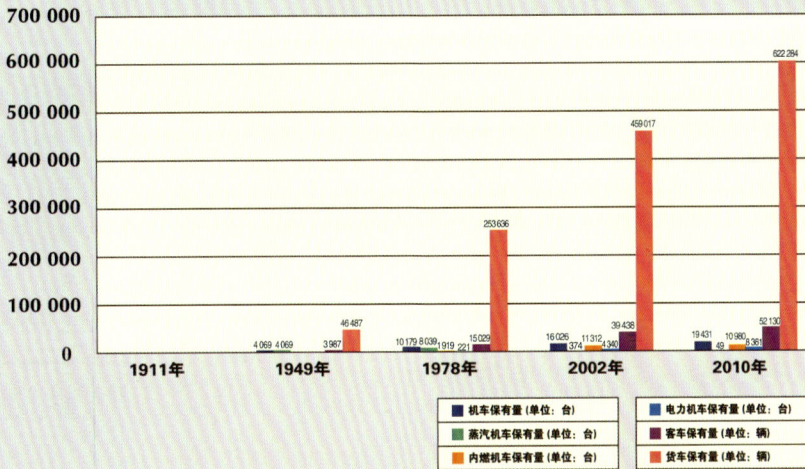

	机车保有量（单位：台）	电力机车保有量（单位：台）
	蒸汽机车保有量（单位：台）	客车保有量（单位：辆）
	内燃机车保有量（单位：台）	货车保有量（单位：辆）

铁路营业里程、电气化里程和复线里程图表

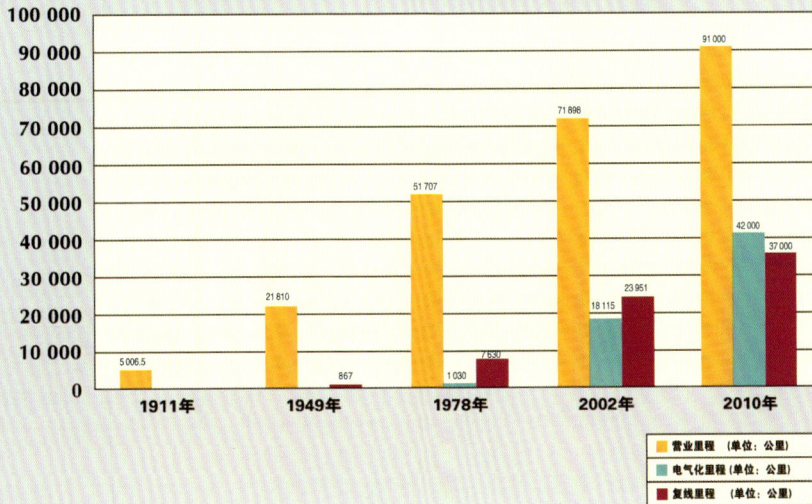

	营业里程（单位：公里）
	电气化里程（单位：公里）
	复线里程（单位：公里）

中长期铁路网规划示意图
（2008年调整）

图　例

既有铁路
规划铁路
规划客运专线
规划电化铁路
规划研究铁路
规划扩能铁路

铁路网规划图（2008年调整）

哈尔滨

长春

沈阳

呼和浩特

北京

天津

银川

太原

石家庄

济南

西宁

兰州

西安

郑州

南京

上海

成都

合肥

武汉

杭州

重庆

南昌

长沙

福州

贵阳

昆明

台北

广州

南宁

香港特别行政区

澳门

海口

海南岛

黄海

渤海

东海

南海

钓鱼岛 赤尾屿

台湾岛

东沙群岛

内蒙古

新疆

西藏

青海

甘肃

四川

云南

广西

贵州

湖南

江西

福建

浙江

江苏

安徽

湖北

河南

陕西

山西

河北

山东

辽宁

吉林

黑龙江

南海诸岛

广州

香港

澳门

海口
海南省
三亚

南宁

西沙群岛

东沙群岛

中沙群岛 黄岩岛

南沙群岛

曾母暗沙

南海

审图号：GS（2009）286号

结 束 语

中国铁路的明天更美好
Chinese Railway Has a Brilliant Future

当今中国正向着全面建设小康社会目标奋进，中国铁路将按照科学发展观的要求，着力加快转变铁路发展方式，科学有序推进铁路建设，切实保证铁路安全万无一失，努力维护职工群众利益，把适应经济社会发展需要和让广大人民满意作为铁路发展的根本标准。到"十二五"末，全国铁路运营里程将由现在的9.1万公里增加到12万公里左右。其中，快速铁路4.5万公里左右，西部地区铁路5万公里左右，复线率和电气化率分别达到50％和60％以上。

实现中国铁路现代化目标，是人民的期盼，是几代中国铁路人的梦想。展望未来，催人奋进。中国铁路事业前景广阔，中国铁路的明天会更加美好。

Nowadays, China is endeavouring toward the goal of building a moderately prosperous society in all respects. In accordance with the requirements of Scientific Outlook on Development, Chinese railway focuses on accelerating transformation of the mode of railway development, promoting the railway construction scientifically and orderly, ensuring the perfect safety of railway, taking efforts to safeguard the interests of railway workers. The fundamental criterions for railway development are adapting the requirements of economic and social development as well as the satisfaction of people. By the end of the Twelfth Five-Year Plan, the railway open to traffic all over the country will increase to 120,000km from 91,000km now, among which there will be 45,000km fast railway, 50,000km western area railway. The rates of complex line and electrification will be more than 50% and 60% respectively.

To realize the modernization of Chinese railway is not only a dream of several generations of Chinese railway workers but also an expectation of all Chinese people. Looking into the future, we are encouraged and believe that Chinese railway has promising prospects and a more brilliant future.

声明：本书图片由铁路各相关单位提供。本书数据统计资料截至2010年。

内容简介

本套丛书是以中国铁道博物馆正阳门馆基本陈列为"蓝本",经过精心整理和编辑而成。全书以时间为脉络（上册：1876-1978,下册：1978-2010）并采用"以画叙史"的方式,即运用丰富、翔实、生动的图片资料,完整地呈现了中国铁路从1876年蹒跚起步直至2010年科学发展的历史轨迹,充分而有力地彰显了百余年间中国铁路从无到有、由落后到先进的巨大进步和飞跃,是广大读者全面了解和研究中国铁路发展历史及其文化内涵的重要窗口和依据。

图书在版编目（CIP）数据

中国铁道博物馆正阳门馆：中国铁路发展史掠影.

下册 / 中国铁道博物馆编著. -- 北京：中国铁道出版社,2012.10

ISBN 978-7-113-15366-3

Ⅰ. ①中… Ⅱ. ①中… Ⅲ. ①铁路－博物馆－介绍－北京市 Ⅳ. ①U2-28

中国版本图书馆CIP数据核字（2012）第221622号

书　　名：**中国铁道博物馆正阳门馆 下册**
作　　者：**中国铁道博物馆编**

责任编辑：刘　平　王　楠
编辑助理：朱景芳
装帧设计：李　艳　朱景芳　华　可
责任印制：陆　宁

出版发行：中国铁道出版社（100054,北京市西城区右安门西街8号）
网　　址：http://www.tdpress.com
印　　刷：北京盛通印刷股份有限公司
版　　次：2012年10月第1版　　2012年10月第1次印刷
开　　本：787mm×1092mm　1/16　印张：18.25　字数：448千
印　　数：1～3000册
书　　号：ISBN 978-7-113-15366-3
定　　价：156.80元　（上下册：283.60元）